AF453922

ERRATA

LE CHEMIN

LA VÉRITÉ

Catéchisme philosophique

de la Religion Universelle

Ch. FAUVETY et P. VERDAD (LESSARD)

LE CHEMIN ❧ ❧ LA VÉRITÉ

Catéchisme philosophique

de la Religion Universelle

PREMIÈRE et DEUXIÈME INITIATIONS

NANTES

LIBRAIRIE J. LESSARD

15 — Rue Rubens — 15

1909

Au Lecteur,

Lorsqu'on veut le Bien et l'Union des âmes,
ainsi que leur perfectionnement ; lorsqu'on se
recommande de la Science des Sciences (la
Philosophie) et qu'on a le sentiment de porter
en soi l'Ame de l'Humanité (le Christ en germe),
il importe de ne rien dire et de ne rien écrire
qui, pouvant se réaliser dans la pensée de
l'homme, produise autre chose que le Bien lui-
même ; et j'entends par *Bien* : ce qui peut, au
lieu de diminuer l'homme, contribuer, au
contraire, à l'agrandir et à l'universaliser.

Or, tel est bien l'objet exclusif de la Religion,
véritablement universelle, et dont le principe
se retrouve partout et toujours identique à lui-
même, et éternellement invariable, parce que
ce principe, étant la Vérité, revêt partout le
même caractère, produit partout le même effet,
ne tend partout qu'au même but, a pour lui
l'acquiescement des plus sages, des plus savants

et des plus saints ; et j'ajoute : la manifestation dernière de ce principe est de produire, en incitant l'homme au bien, une resplendissante manifestation de l'Esprit, et, dans l'Ordre, de réaliser toutes les harmonies et toutes les beautés.

Notre œuvre à nous, qui préparons les Temps Meilleurs, et qui marchons sur les pas d'hommes supérieurs, qui sont nos maîtres et nos initiateurs (Lampes allumées dans les Sanctuaires, toujours cachés), n'est pas de *diviser* mais d'*unir* les hommes ; car, parmi nous, nul ne peut se dire religieux s'il a la moindre haine au cœur.

Nos maîtres nous ont appris que le mot Religion avait deux sens différents, bien que se complétant l'un et l'autre et représentant deux vérités fondamentales en matières religieuses.

Le premier sens de ce mot, qui vient du latin (*religare*), veut dire : lier, relier, rattacher ; le second sens (de *redligio, relligio*) exprime la pensée de s'incliner, de se prosterner, de rendre hommage : la crainte a fait surgir les dieux du sein des grandes manifestations de la Nature et des effrois que ces manifestations ont dû causer.

Souvent cette crainte a fait aussi prendre des fantômes pour des dieux véritables, et, les faux sacerdotes y aidant, les peuples se sont trompés et l'ont été par de trop nombreux imposteurs.

Les mots marchent heureusement avec l'esprit humain et, sans perdre leur sens primitif, vont au-delà de leur première et enfantine signification.

Tel a bien été le sort du mot religion, dont le sens s'est élevé à mesure que l'homme s'est mieux rendu compte de ce qui l'entourait et que sa pensée a rayonné plus loin que l'horizon de la vie matérielle, qui n'est qu'un des côtés de la vie universelle, mais le plus facile à saisir pour l'âme encore ignorante, et dont les yeux s'ouvrent d'une façon consciente sur le monde.

Que de temps il faut à l'homme pour arriver à la compréhension de la vie, à ses charges, à ses devoirs et à ses responsabilités !

Ce n'est que par degré, et lentement, que l'initiation se fait dans son âme et qu'il comprend son rôle et la solidarité qui le tient lié à l'ensemble des choses.

C'est alors que la vie de l'esprit lui apparaît dominant son être matériel et qu'il se reconnaît comme une sorte de dieu tombé, presque déchu, et qu'il essaie de ramener toute sa pensée vers une harmonie dont il est, individuellement et collectivement, un des rouages, et que, s'inclinant, il se reconnaît à la fois un être social et religieux.

Une communion s'établit entre lui et la Nature. Il en recherche les lois, il les découvre, et le monde moral lui apparaît comme une réalité, parce que les lois de ce monde moral sont les règles même qui amènent tout acte à porter des conséquences, comme l'arbre des fruits ; et, par la liberté, à rendre chacun responsable devant la conscience divine (loi suprême où aboutissent tous les rapports et où viennent se heurter toutes les désharmonies et toutes les misères de l'humanité).

Ce sont les lois du monde moral qui montrent à l'homme sa suprême destinée de son éternelle grandeur.

Les religions et la Religion, qui reste identique à elle-même, au fond de toutes les religions n'a pas d'autre enseignement, et n'en aura jamais d'autre.

Le catéchisme de la Religion universelle que le lecteur va lire le prouvera.

Les documents qui ont permis de le rédiger ont été fournis par notre très vénéré initiateur Charles Fauvety.

Je n'ai personnellement fait dans ce travail que ce que le maître m'a dit de faire : prouver que lorsqu'on veut interroger les choses de la vie, en en écartant ce qui a divisé les hommes, les a fait se haïr et s'excommunier les uns les autres, on découvre la vraie Religion et la vraie Science de la vie.

Ce catéchisme n'est publié que pour l'usage des membres de notre Fraternité, afin de les aider à travailler efficacement à ramener les hommes sur le terrain des éternelles vérités.

LE CHEMIN

Catéchisme philosophique
de la Religion Universelle

PREMIÈRE INITIATION

LE CHEMIN

I

Définition de la Religion

D. — Qu'est-ce que la Religion et que faut-il entendre par ce mot ?

R. — La Religion est ce qui nous relie, non seulement à nous-mêmes et à nos semblables, dans la famille, la patrie, l'humanité, mais ce qui rattache notre être à la Nature terrestre et à la Vie universelle, c'est-à-dire : à tous les êtres connus ou inconnus, visibles ou invisibles, à tout ce qui est, fut ou sera.

Ainsi le mot Religion exprime l'idée d'un lien qui embrasse l'ensemble de nos rapports et nous relie à l'ensemble des choses.

D. — Suffit-il donc d'être lié à l'ensemble des choses, d'être associé à la Nature terrestre et à l'Univers entier pour être religieux ?

R. — Non sans doute, car comme il n'est pas un être, pas un atome qui puisse exister en dehors du monde, et que toutes choses y sont reliées par des lois, la fonction religieuse serait propre à tout ce qui existe. Or, nous ne voyons pas qu'il en soit ainsi, même pour les animaux les plus élevés dans la série terrestre. L'homme seul, sur la terre, peut être dit *religieux* parce que seul il a conscience des rapports qui l'unissent aux autres êtres et à l'ensemble des choses.

En un mot, l'homme est un être religieux parce qu'il est une raison consciente et qu'il a la notion de sa responsabilité dans tous les actes de la vie.

D. — Quel est l'objet de la Religion ?

R. — L'objet de la Religion est de faire que la communion qui existe nécessairement dans la Nature entre tous les êtres soit réalisée librement par l'homme dans le monde moral, afin que chaque homme, en s'élevant dans l'échelle de la Vie et agrandissant sans cesse la sphère de ses rapports effectifs, arrive, le sachant et le voulant, à se sentir vivre dans tout ce qui est.

D. — Quelle est la source de la Religion ?

R. — La source de la Religion se trouve dans la nature même de l'homme. L'homme est religieux comme il est social. On ne peut pas plus concevoir l'homme séparé des rapports religieux qui le rattachent à la terre et au reste du monde qu'on ne peut le comprendre isolé des rapports sociaux qui lui créent une vie commune avec ses semblables.

D. — Comment la Religion a-t-elle commencé à se manifester ?

R. — Nous l'ignorons. Mais on peut croire que les premières manifestations religieuses au sein de l'Humanité ont été des cris d'admiration et de terreur. Elles ont été suscitées spontanément par le spectacle de l'Univers et par le sentiment que l'homme devait avoir de sa faiblesse et de sa dépendance, en présence des forces de la Nature et de toutes les fatalités du monde extérieur.

Tel fut sans doute le premier motif de l'alliance que le moi humain a cherché à établir, au moyen du Culte et de la Prière, avec les puissances soit physiques, soit métaphysiques, dont il espérait quelque secours ; c'est de cet humble point de départ que la Religion, en grandissant, doit, au prix de bien des siècles de luttes et d'efforts, atteindre les plus hautes régions de l'Idéal.

D. — La Science sociale ou Sociologie, qui comprend la Politique et l'Economie, l'Esthétique et la Morale, c'est-à-dire : l'étude de l'*Utile*, du *Juste*, du *Beau* et du *Bon*, embrassant ainsi l'ordre social tout entier, ne suffit-elle pas à l'humanité majeure, et est-il donc toujours besoin de Religion ?

R. — Si l'homme n'avait de rapports qu'avec ses semblables, il serait simplement un être social. Mais l'homme est un petit univers. Rien de la terre ne lui est étranger. Dernier terme de la série des êtres, dans le monde visible, c'est en lui que la création terrestre se connaît, s'affirme, se réfléchit ; c'est par lui qu'elle se rattache aux autres créations cosmiques et communie avec la Raison suprême ; c'est parce que l'homme unit la terre au reste de l'Univers et, qu'il se sent vivre dans les autres et qu'il sent les autres vivre en lui, qu'on peut constater que l'homme est un être religieux, communiant avec tout ce qui est et se sentant vivre dans tout ce qui est.

D.—Cependant nous voyons des hommes de bien, quelques-uns pleins de vertus, qui ne professent aucun culte, et ceux-là se trouvent parmi les plus éclairés. Si des esprits avancés peuvent se passer de Religion, n'est-ce pas une preuve que tous les hommes pourront également s'en passer, lorsqu'ils seront arrivés à un certain degré de développement ?

R. — Il peut arriver, en effet, à certaines époques, époques de transition, que quelques bons esprits se séparent des anciens cultes et ne se sentent plus reliés par la religion de leurs pères. D'abord ce n'est jamais sans une très grande souffrance que de tels hommes opèrent cette séparation et se résolvent à cet isolement. Il faut ensuite remarquer que les hommes véritablement éclairés, ceux qui ont conscience de leurs droits et de leurs devoirs, et qui se font une idée juste des rapports qui les unissent aux autres êtres et à leurs semblables, ne sont jamais sans religion, dans le sens large du mot, seulement leur religion s'appelle la philosophie personnelle, qui dirige, inspire leur conscience. Il leur manque cependant quelque chose pour bien embrasser la vie et diriger leur conduite de chaque jour au sein de la vie même. Ils n'ont qu'une conception particulière et non générale, et n'embrassant qu'une partie des choses qui alimentent l'être et le font communier avec la vie entière, ils repoussent ce qu'ils ne veulent pas ou ne peuvent pas comprendre, ce qui les fait sans religion et les limitent à n'envisager la vie que dans ses parties phénoménales, si trompeuses et si fuyantes. Ils

ne peuvent saisir le but de l'existence ni
s'attacher aux mêmes espérances qui sont
celles du spiritualiste et qui, de plus en
plus, deviennent des certitudes pour qui
veut ouvrir les yeux à la lumière. Le vrai
philosophe ne se détache pas ainsi de la
Religion. Il sait la dégager des tristes
exploitations, et ne considérant, à travers
les siècles, que le bien qu'elle a fait, **sa**
philosophie se confond avec la Religion
même, la vraie Philosophie ne pouvant être
autre chose que la Religion.

II

La Religion universelle

D. — Vous parlez de la Religion comme s'il n'y avait qu'une religion dans le monde. S'il n'y a pas plusieurs religions, convenez, au moins, qu'il y a, de par le monde, bien des systèmes religieux.

R. — Sans doute, mais ces divers systèmes religieux ne représentent que les différents points de vue sous lesquels l'esprit humain s'est plû à contempler l'Univers et à envisager la Vie. Parmi les conceptions multiples de l'esprit humain, il n'en est guère, il n'en est point qui ne reflètent quelque rayon de la Vérité éternelle et qu'on ne puisse regarder comme l'un des côtés et l'une des formes de la Religion, du moins en tant que la Religion correspond à l'enchaînement nécessaire des choses et au rôle que l'homme est appelé à remplir dans cet enchaînement.

D. — Il n'y a-t-il pas un mot pour exprimer cet enchaînement nécessaire de l'ensemble des choses?

R. — Oui. Ce mot est *Solidarité*. Et l'on peut dire qu'il y a Religion dans l'homme, parce qu'il y a solidarité dans la nature : à SOLIDARITÉ UNIVERSELLE, RELIGION UNIVERSELLE. Ainsi, la Religion universelle correspond à l'idée de Solidarité universelle, mais d'une Solidarité universelle sentie, voulue et pratiquée librement par une raison consciente : l'homme le plus religieux sera donc celui qui aime le plus la loi qui le relie à tout ce qui est, la comprend le mieux et la sent agir en lui, comme si elle était la volonté d'En-Haut.

D. — Comment arriver à se savoir relié à tout ce qui est?

R. — En descendant en nous-mêmes et en regardant autour de nous. C'est par l'étude, la réflexion, que nous arrivons à la connaissance des lois de la vie et que le sentiment de la Solidarité universelle prend racine en notre âme. Tout nous révèle cette Solidarité universelle. Les Sciences,

la Philosophie, les religions du passé n'ont
pas eu d'autre but que d'amener l'homme
à cette Religion universelle qui se confond
avec la Solidarité même; et être solidaire,
c'est se sentir vivre dans tout ce qui est,
et sentir tout ce qui est vivre en nous.

III

La Perfection

D. — De ce qui précède, nous pouvons conclure que la Religion est basée sur une conception générale du monde et de la vie?

R. — Evidemment. Il n'y a ni religion ni philosophie sans une doctrine qui révèle à l'homme sa destinée et lui indique le moyen le plus prompt et le plus sûr de la réaliser. Tout homme, dont l'esprit est tourné vers le bien et qui a au fond de lui-même l'amour de la Vérité, peut être initié à cette doctrine, qui ne contredit en rien la vraie Science et offre au monde une conception de la vie qui fût, à travers tous les siècles, celle des meilleurs et des plus avancés de nos frères. Tous les fils des hommes ne sont pas prêts à la même heure pour recevoir la Lumière et adhérer à la Vérité, mais tous y arriveront par les chemins multiples qui conduisent à la Connaissance et à la Vie parfaite.

D. — Nous ne pouvons aimer la Religion, nous y attacher et en propager les enseignements que si nous ne perdons pas de vue le but même de l'existence et si, chaque jour, nous ne nous efforçons de réaliser une sorte de VIE NOUVELLE, c'est-à-dire : une meilleure manière de vivre : n'est-ce pas là ce que vous voulez dire par la recherche de la *Vie parfaite* ?

R. — C'est cela même ; et réaliser en nous cet idéal quelques secondes seulement, par l'aspiration de notre âme, c'est trouver pour un instant LA PLÉNITUDE DE L'ÊTRE.

D. — Que doit-on entendre par cette expression : plénitude de l'être ?

R. — Le point suprême où l'être humain, parvenu à la pleine possession de toutes les qualités qui sont en lui, se sent vivre dans tout ce qui est et sent tout ce qui est vivre en lui, c'est-à-dire : le moment où chacun de nous perçoit qu'il n'a plus rien à acquérir pour lui-même et n'a plus qu'à se donner aux autres et à travailler pour eux.

D. — Comment réaliser un tel idéal; n'est-ce pas là vraiment une chimère?

R. — Détrompez-vous et attachez-vous fermement à cette pensée. Il n'en est point de plus belle ni de plus religieuse, et elle est la pensée unique de toutes les religions : c'est pourquoi nous la plaçons comme le résultat dernier de tout effort religieux.

La Perfection telle que l'entendent les vrais initiés à la pensée secrète des religions est, pour tout être à face humaine, une augmentation des puissances et des qualités qui sont lui. A chaque minute de la vie, on doit faire, si l'on est sérieux, un inventaire de ses pensées et voir ce que l'on a acquis ou perdu en moralité, en puissances actives, afin de conserver les biens qui ne périssent point et sont le fond même de la Vie éternelle, dans l'âme de l'homme, qui se possède et se gouverne, dans la plénitude de ses facultés, sous l'œil de Dieu.

La Perfection est le prix du travail, de la lutte, de la souffrance, de l'effort et de la soumission à des lois qui n'ont pour objet

que le bien même de l'homme comme
individu ou comme être collectif. Ce prix
est la récompense de l'effort. Tout agrandissement des facultés, tout rayonnement
nouveau de l'esprit, toutes tentations vain-
cues, toutes fautes pardonnées, tous services
rendus aux frères malheureux, est un pas
vers l'idéal de Vie parfaite, et une conquête
sur les choses qui diminuent l'homme, en
l'éloignant de Dieu.

Tout effort de l'homme profite à l'ensemble
des êtres, et remplir son devoir envers
autrui est le plus grand effort qu'il faille faire
pour réjouir Dieu et nous rendre propices
les forces invisibles. Il n'est point d'efforts
qui, profitant à son auteur, ne profitent
en même temps à tout ce qui l'entoure.
Ainsi le veut la Religion, parce que ainsi
le veut la loi de solidarité. C'est bien par
l'association et l'échange, dans une communion universelle, en plaçant à la portée
de tous les efforts de chacun que nous
multiplierons nos forces animiques et que
nous vaincrons notre égoïsme. C'est ainsi
que par l'effort, le travail et l'échange,

grâce à la Solidarité qui unit religieusement tous les êtres, tout homme s'élève sur l'échelle de la Vie et, sans rien perdre de son identité, s'universalise de plus en plus jusqu'à ce qu'il ait acquis *la Plénitude de l'existence*, qui est corrélative A LA PERFEC_TION, telle les sages ont conçu la *Vie parfaite* et telle Dieu nous demande de la réaliser pour être parfaits comme il l'est lui-même.

Les trois initiations, auxquelles nous vous appelons, la Philosophie qui s'en dégage, la Doctrine qui s'y fait jour, n'ont pas d'autre objet que de vous indiquer les voies et de vous enseigner les moyens d'arriver librement, avec les forces d'En-Haut, à ce degré de Vie parfaite.

IV

Les dogmes

D. — La Religion peut-elle se passer de dogmes ?

R. — Il faut s'entendre sur le mot dogme ; si on entend par dogmes, des principes, la Religion ne peut s'en passer. L'Enseignement religieux repose sur la Philosophie, et nous entendons par Philosophie la Science de la sagesse, qui est la Science des sciences, parce qu'elle les résume et les synthétise toutes et qu'elle ne conclut jamais sans trouver tout repos dans la Vérité. C'est ainsi que la Religion seule peut fournir au monde une conception de la vie et du monde et permettre à l'homme de ne pas errer, dans les choses essentielles, tout au moins, et de fonder, d'une façon permanente et solide, les sociétés au milieu desquelles il restera toujours, consciemment ou non, le collaborateur de Dieu.

D. — Que faites-vous des confessions de foi ?

R. — Lorsque les confessions de foi ne contribuent pas, comme elles l'ont trop souvent fait, à séparer l'homme de l'humanité et à être ainsi anti-religieuses au lieu d'être religieuses, nous ne les repoussons pas. Mais une vraie confession de foi doit porter avec elle son éclatante démonstration et pouvoir regarder face à face tous les âges de l'humanité. La foi qui repose sur une connaissance vraie des lois de la vie ne conduit ceux qui l'adoptent ni à l'abêtissement ni à l'abrutissement. Elle va à la Vérité, à elle seule, et repousse toute hypocrisie et tout mensonge, sachant très bien qu'hypocrisie et mensonge sont PÈRE DU CRIME.

V

Le lien religieux

D. — Vous ne paraissez pas vous arrêter longtemps à la question de dogme et à la question de foi. La foi et les dogmes n'ont-ils donc point pour objet de créer l'unité morale entre les fidèles des religions et de maintenir solidement le lien qui les rattache les uns aux autres par la profession d'une même doctrine et la confession d'une même foi ?

R. — Les choses que perçoit la foi, les vérités que la doctrine montre du doigt se réalisent dans chaque homme selon sa nature, ce qui ne détruit rien dans l'unité de foi ni dans l'unité de doctrine. Le catholicisme est le même en tant que foi et doctrine chez saint Philippe de Néris, chez saint Augustin, chez Origène, que dans la cervelle de la plus modeste campagnarde un peu dévote à sa religion, et cependant dans la manifestation de la foi que de différence ! La foi est individuelle chez chaque homme, parce que les manières de sentir les choses de la foi sont en rapport avec l'état du développement de chaque individu, ce qui n'empêche ni la foi ni la doctrine d'être unes et toujours semblables et identiques en elles-mêmes. D'ailleurs, il ne s'agit pas ici des choses qu'on espère, mais des choses qui ont une réalité parfaite pour l'esprit.

Le lien religieux est inné chez l'homme. Il correspond à cette loi de solidarité universelle qui nous rattache à nos proches, à nos semblables, à tout ce qui est, et ne nous permet pas de nous *sauver* les uns sans les autres. Nous n'avons qu'à aimer cette loi, à la respecter, à la faire nôtre en la pénétrant de lumière et de la bonté pour réaliser de plus en plus le lien religieux. Quant à l'unité morale elle naît naturellement entre les hommes du but commun qu'ils poursuivent. Que me fait votre foi, qui n'est que de surface si vos œuvres sont mauvaises ! La foi ne peut être que l'adhésion à la Vérité, et la Vérité c'est ce qui profite à tous.

Il faut placer cette foi dans la volonté et alors pour être de la même religion, on n'exigera que de vouloir s'améliorer en aidant les autres à s'améliorer de même. Je ne vous demande pas : que croyez-vous ? Je vous demande si vous voulez devenir *parfaits* et accepter la foi d'autrui pour qu'autrui accepte la vôtre, si la foi d'autrui et la vôtre visent au Bien et au respect de la vie et tendent l'une et l'autre à nous soutenir dans l'accomplissement de nos devoirs et dans la recherche et le culte de la Vérité. Là est le bien par excellence, le mobile parfait, l'unité nécessaire, le reste divise, sépare et pousse aux anathèmes, c'est-à-dire : à l'irréligion.

VI

La Religion universelle enseignée par la Philosophie

D. — La Religion ainsi comprise ne se confond-elle pas avec la Science et est-il donc toujours nécessaire d'avoir recours à la Religion ?

R. — La Science (telle on l'entend chez les anti-religieux) ne peut remplacer la Religion. La Religion, au reste, est elle-même la Science, mais la Science considérée intégralement et non la science fragmentée qui pousse les hommes vers l'athéisme et l'irréligion. La Religion ne peut être remplacée ni par la physique, ni par la chimie, ni par aucune autre fragmentation de la Science intégrale (Gnose). La Religion seule, avec la Philosophie, nous permet d'embrasser nos rapports dans une vue d'ensemble et de rattacher notre *moi* pensant au reste de l'Univers, en nous unissant au *moi divin* et, par lui, en nous montrant le rôle que nous remplissons au sein de la vie pleinement consciente. Philosophie, Science intégrale et Religion se confondent ensemble et contribuent à tenir l'homme debout en face de Dieu, afin que les rayons de la divinité arrivent à l'homme dans toute leur pureté et ne soient masqués ni arrêtés par quoi que ce soit de contradictoire ou de désordonné. C'est ici que prend naissance l'Art suprême, créateur de toutes les beautés, et qu'il est permis à l'âme humaine, si sa volonté ne défaille pas, de s'abreuver aux sources de l'idéal et de le réaliser dans notre vie et dans la vie des autres.

D. — Ainsi la Religion universelle repose sur une conception de l'homme et du monde que la Philosophie (Science des Sciences) lui fournit?

R. — Vous le comprenez, et il ne peut en être autrement. Enseigner la Religion, c'est enseigner la Philosophie, et enseigner la Philosophie, c'est apprendre d'où nous venons, où nous allons, qui nous sommes et quels sont les grands devoirs de l'existence.

Nous sommes donc en même temps que religieux et philosophes, les amis de la Sagesse, les serviteurs de la Vérité. Notre Religion et notre Philosophie sont intégrales, c'est pour cela que la Religion est universelle, reçue et acceptée par tous, qu'elle a le consentement général des peuples et qu'elle peut s'adresser à tous les hommes, puisque son objet est de les relier les uns aux autres et de les initier à la Gnose, sans exception de sexe ni de race, et quel que soit le degré de développement des individus, pour peu qu'ils veuillent faire effort de volonté et comprendre que la vie matérielle n'est qu'un des côtés de la vie universelle.

D. — La Religion ne peut-elle pas être considérée comme une science particulière?

R. — La Religion n'est pas une science particulière, mais elle doit être donnée comme la résultante de toutes les sciences et comme la plus haute expression de l'art.

Il peut cependant exister une science des religions, mais cette science se confond avec l'histoire des religions, dont on peut dégager toute la doctrine et toute la philosophie. L'histoire des religions, comme celle des philosophies qui se sont partagé l'esprit humain, indique le mouvement des idées à travers les âges et la façon dont la vie universelle s'est présentée aux hommes qui ont voulu la regarder en face et essayer de la comprendre.

La vraie philosophie comprend, seule, les lois du monde et les explique, parce qu'elle les embrasse et les synthétise ; mais la Religion réalise la pensée philosophique, montre la logique des principes et enseigne ce qu'il faut retenir pour la conduite de la vie.

La Philosophie et la Religion sont les deux pôles de la Connaissance ; l'une montre la Vérité, l'autre en organise le Culte. C'est en s'imprégnant de plus en plus de philosophie et de religion que l'âme s'agrandit, étend ses ailes et monte vers la lumière. C'est à la pleine Connaissance que chaque être humain doit viser, et ses inquiétudes, ses tourments viennent de ce sentiment qui est en lui : c'est que, collaborateur de Dieu, il doit tout connaître. C'est la philosophie qui remplira son âme de connaissances et de vérités ; c'est elle qui lui montrera du doigt ce qui peut remplir le cœur de bonheur et de joie, et l'esprit de lumière, mais non pas sans la Religion ni sans le Culte.

VII

Que la Religion universelle peut être dite naturelle, rationnelle, laïque, égalitaire, fraternelle, scientifique et progressive.

D. — Pourquoi appelez-vous universelle la Religion?

R. — Une Religion qui ne peut pas se dire universelle le prouve facilement, car elle travaille, consciemment ou non, à diviser les hommes, non à les unir, et, dans ce qu'elle enseigne, elle ne répond pas au caractère de la science religieuse qui est d'avoir une doctrine universellement reçue. Ecartez des Religions ce qui divise les hommes, n'en retenez que ce qui les rapproche toujours, et vous serez dans la loi de la vraie Religion qui, d'ailleurs, quoi qu'il paraisse, se trouve au milieu de toutes les religions.

Car l'homme religieux est celui qui fait le bien, qui pardonne, qui aime, qui est vertueux, qui soulage les pauvres, qui ne

repousse personne, pas même l'ennemi ;
vous ne le trouvez ni autour d'un bûcher
ni près d'une guillotine. Il s'attache aux
pas de la Vérité, mais ne damne point ceux
qui suivent l'erreur. Il pleure sur eux, prie
pour eux, et attend l'heure ou les paradoxes et les sophismes ayant lassé l'homme,
l'homme se tournera vers Dieu, qui est
toute consolation et tout amour, et dans le
sein duquel l'âme humaine fatiguée puise
toujours et en fin de compte la paix et le
repos.

La Religion vraiment universelle est
encore naturelle et rationnelle, car elle
n'admet rien qui soit en dehors des lois de
la nature et de la raison ; elle est aussi
scientifique et progressive, bien que repo-
sant sur les principes éternels qui ne
peuvent changer, car s'appuyant sur la
Science et sur la Philosophie, elle s'enrichit
des *découvertes* de toutes les sciences et
marche sans cesse avec l'esprit humain ;
elle est encore : égalitaire et fraternelle,
car en reliant tous les membres de la
famille humaine dans une solidarité aimée,

voulue et *vécue*, elle propose à chacun le même but à atteindre et ce but n'est autre que le Bien suprême, c'est-à-dire : la Perfection dans la plénitude de l'existence.

Ainsi donc le titre de Religion universelle est celui qui convient à la Religion qui n'exclue personne de sa communion et admet, groupées autour d'elle, toutes les églises, toutes les croyances, puisqu'elle ne demande *aux vrais fidèles* que de vouloir travailler ensemble à leur perfectionnement.

D. — Et s'il est des hommes qui n'acceptent pas cet objectif, qui, ne se souciant ni de s'améliorer ni d'améliorer les autres, refusent d'entrer dans la sphère religieuse si largement ouverte à tous les bons esprits?

R. — Eh bien, ces hommes seront privés des moyens d'agrandir leur être et du plaisir si doux d'aider les autres à sortir de l'égoïsme. Nous ne les excluons pas pour cela de la grande Eglise. Nous regrettons leur aveuglement, nous souffrons de leur manque de charité, mais nous respectons leur liberté et notre religion,

LA RELIGION, fait comme le soleil de Dieu : elle ne cesse pas de répandre sa lumière sur ceux-là mêmes qui ne veulent pas comprendre et s'égarent dans leur sectarisme et leur irreligion.

Mais qu'on entende bien notre pensée. A toutes les épithètes qu'on peut ajouter au mot Religion, il n'en est aucune, après celle d'universelle, qui soit plus utile d'employer que celle de *laïque* [1]. De plus en plus, pour faire comprendre l'étendue du mot Religion universelle, il importe de faire que la Religion soit de plus en plus en rapport avec l'âme des foules et qu'il ne paraisse y avoir aucune contradiction entre l'esprit laïc et l'esprit religieux.

---

(1) Il faut bien comprendre que le terme *laïc* ajouté au mot *Religion* n'a qu'un sens dans notre pensée. Il ne peut être pris, par le lecteur, dans le sens de *lutte* contre *qui et quoi que ce soit*. Le terme *laïc* associé au mot *Religion* est simplement l'affirmation que dans la Religion bien comprise et réellement pratiquée, *clergé* et *peuple* ne sont plus en opposition, mais se confondent pour les fins qu'ils ont à poursuivre. Il ne peut pas y avoir, en fait, pour l'harmonie des rapports, au sein de la vie sociale, deux sociétés opposées l'une à l'autre : *société laïque, société religieuse. L'opposition*, comme *la séparation* de ces deux sociétés, a toujours provoqué de très grands troubles, mais pour que ces troubles cessent et ne reparaissent plus, il faut que l'accord se fasse entre *l'idée laïque* et *l'idée religieuse*. Avec le

C'est, d'ailleurs, ramener la Religion à
sa source. Elle prend son origine d'abord
dans la conscience individuelle, pour aller
se manifester ensuite dans la famille, la
tribu, la cité, la nation, et, s'universalisant, atteindre l'Humanité, où sa manifestation dernière se produit dans toute
sa splendeur. Il est déplorable et dange-
reux de voir la société civile se séparer
de la société religieuse. L'une et l'autre
sociétés sont faites pour se compléter et
rendre plus *populaires* (laïcs) dans leur
réalisation les principes et les doctrines
de vie idéale et de vie supérieure. Si les
hommes religieux doivent se rendre compte

---

temps, l'accord se fera, nous en avons la certitude
car on ne peut supposer, à moins de tomber dans un
scepticisme affreux, que les représentants des religions
et les représentants du peuple persistent à se considérer
comme ennemis. Il faut que les uns et les autres ne
cherchent plus la domination et laissent de côté les
erreurs qui les mettent en opposition et qu'ils ne
s'attachent désormais qu'à la Vérité, très facile à reconnaître, et sur les pas de laquelle il faut marcher si d'un
côté comme de l'autre on veut le bien ; il faut organiser
tout, dans les sociétés, pour que les hommes aient de
moins en moins de causes de chutes, car l'homme ne va
vers le mal que parce que, sous ses pas, vous multipliez
les tentations et supprimez les forces qui permettraien
d'y résister. Toute *la Religion* est là et *le laïcisme* aussi.
Ceux-là qui diro nt le contraire n'aimeront pas la Vérité.

que l'être humain n'est pas uniquement
une âme dépourvue de corps et de tous
rapports avec la vie matérielle, les hommes
politiques doivent aussi considérer que les
choses de l'esprit ne peuvent être mainte-
nues vivantes et l'ordre moral n'avoir de
force, donc aussi l'ordre social, que si les
forces que fournissent seules les religions
à leurs fidèles restent permanentes et sont
vraiment soutenues et distribuées librement à quiconque se sentant *civilisé* entend
ne pas retourner vers la vie inférieure
et les époques d'anarchie et d'erreurs de
notre humanité.

Il n'y a pas de Religion là où l'état laïc
ne laisse pas la conscience souveraine, et
libre de correspondre directement avec la
Raison suprême; l'Etat laïc peut se séparer
d'une église, mais il ne peut, sans péril, se
séparer de l'idée religieuse.

VIII

*Comment, en partant de la conscience indivi-
duelle, la Religion devient universelle et
fait communier l'âme humaine avec l'Unité
divine.*

D. — Vous paraissez donner des degrés
à la manifestation de l'idée religieuse et
lui faites traverser des phases moins élevées
les unes que les autres?

R. — C'est ce que nous avons dit. La
Religion part de l'individu pour s'élancer
vers l'infini et ne relie l'âme qu'en
l'habituant à sortir d'elle-même. Aussi
peut-on dire que la Religion commence là
où commence à diminuer l'égoïsme humain.
Celui-là est vraiment athée, irreligieux,
qui n'aime que soi, ne vit que pour soi,
et ne se trouve relié à rien ni à personne.
Eût-il sacrifié tous les plaisirs, tous les
avantages terrestres, se disant religieux,
il se trompe et commet une impiété.
Le salut de notre âme ne suffit pas pour

nous faire aimer des dieux et nous attirer leurs faveurs. La solidarité n'existerait pas entre les membres de l'Humanité et la Religion serait un vain mot si les hommes pouvaient se sauver et se diviniser les uns sans les autres.

D. — Quels sont les principaux degrés par lesquels l'homme a pu passer avant de s'élever à la notion de solidarité et en avoir le sentiment très vif en lui ?

R. — Nous vous l'avons déjà dit. Une fois sorti de l'égoïsme individuel, c'est dans la famille que l'homme trouve le premier degré de ses tendances religieuses. La famille nous apparaît dans l'histoire comme le berceau de la Religion. La Patrie, l'Humanité, l'Universalité ne viennent qu'ensuite.

Ainsi, vivre avec sa famille dans une douce communion d'intérêts, de pensées, de sentiments, c'est déjà être religieux. C'est l'être davantage de joindre ses intérêts à ceux de la Patrie, de l'aimer, de la servir et d'être toujours prêt à mourir pour elle. C'est l'être plus encore de se sentir vivre dans l'humanité, de façon à souffrir de ses douleurs, de ses vices, de ses barbaries, de ses ignorances volontaires, de ses misères ; de travailler sans cesse à l'en affranchir, ne désirant, ne recherchant pour soi aucun bien, aucun progrès, aucun agrandissement de son être dont on ne veuille faire profiter les autres.

Enfin, c'est élever son idéal religieux jusqu'à l'excellence que de le concevoir adéquat à l'universalité, d'aspirer à la plénitude de l'être en s'appliquant à vivre pour tout ce qui est et à sentir tout ce qui vibre en nous. Tous les sentiments conservent le caractère de l'égoïsme lorsqu'ils restent fermés à l'universel. Il y a un égoïsme familial qui pousse ceux qui en sont atteints à tout sacrifier à leur amour de la famille. Ce sentiment se trouve aussi dans l'animalité à un très haut degré chez les fauves. Chez l'homme, il fait commettre de très mauvaises actions. On peut en dire autant de l'amour de la Patrie, non moins légitime que celui de la famille, mais qui, transformé en haine de l'étranger et en fureur guerrière, a enfanté et enfantera longtemps encore les crimes les plus abominables et les ruines les plus désastreuses. Enfin, il en est de même de la foi religieuse mal éclairée et du fanatisme qui en résulte. Elle a produit et peut produire encore des haines et des crimes qui font horreur et déshonore la Religion et les hommes religieux.

C'est qu'en vérité la sphère de la famille, celle de la patrie ou d'une collectivité sociale quelconque, église, nation, secte, race, et celle de l'humanité elle-même, ont besoin de se comprendre et de se copénétrer mutuellement, en s'harmonisant religieusement avec cette sphère plus haute de l'idéal suprême (Dieu) où s'unifient toutes les divergences, où expirent tous les égoïsmes, où tous les sentiments se purifient en s'UNIVERSALISANT.

D. — N'est-il pas à craindre qu'en généralisant ainsi et en étendant le lien religieux jusquà l'universel on n'affaiblisse chez l'homme certaines forces nécessaires pour le maintien de la vie et des sociétés ?

R. — Cela serait à craindre peut-être si on glissait dans un mysticisme mal entendu et peu vivifiant pour l'âme humaine. La Religion universelle n'a pas enseigné que la famille est nulle, que la patrie est un vain mot. Il n'y a pas contradiction entre les sphères de la famille, de la patrie et de l'humanité, et la conciliation est facile entre les devoirs de père, de mère, de fils, de fille, d'époux, d'épouse, et les obligations de citoyens, de membres de l'humanité ou de citoyens du monde. Il suffit que ces devoirs et ces obligations soient ramenés à leur logique naturelle et ne devient pas du but même qui leur est assigné par la loi des choses.

Toutes les sphères de notre activité sont d'égale importance, parce qu'on a appris par expérience que toutes contribuent à la manifestation de l'être humain et le poussent à réaliser sa destinée. La Religion universelle tend à développer toutes les tendances de l'homme, mais en les ramenant à leurs fins harmonieuses, elle n'a pas en vue d'en arrêter l'essor. Une

Religion qui voudrait arrêter les mouvements et les tendances naturelles de l'homme donnerait la mort à tout ce qu'elle toucherait. Or, le rôle de la Religion, au contraire, est de communiquer la vie, et une vie puissante jusqu'à la conquête entière et certaine de la Vie éternelle.

IX

L'Unité universelle

D. — Vous nous avez dit peu de chose de Dieu ; ne pouvez vous nous en parler et nous dire le rôle qu'il joue dans la Religion ?

R. — Très volontiers. Mais vous avez peu compris notre enseignement si vous ne vous êtes pas aperçu que nous n'avons cessé de vous parler de Dieu ! Il est vrai que nous n'en avons que rarement prononcé le nom ; il est vrai que nous n'en avons pas fourni une entière définition. Sachez que nous repoussons l'idée que Dieu est une hypothèse. Si Dieu était une hypothèse, la Religion devrait s'en passer, car ce serait compromettre l'existence de l'édifice moral, dont la Religion est la gardienne. Dieu n'est ni une hypothèse ni une simple abstraction. L'idée de Dieu correspond à une réalité par excellence, car est-il une réalité plus grande et plus haute que celle de Dieu conçue comme étant la Loi vivante et consciente de l'Univers, et par conséquent l'*Unité universelle et suprême,* où tous les rapports viennent s'harmoniser et où l'ensemble des choses se connaît, se possède et se réfléchit? Dieu, ainsi défini, est objet de science et peut se démontrer. La Religion n'est que la célébration par l'âme humaine et la mise en œuvre au sein de l'humanité de cette démonstration d'un sujet inépuisable : la pensée divine se manifestant par la variété des êtres et des mondes, ou, si vous voulez: les lois de Dieu étudiées dans les phénomènes renouvelés de la vie univer- selle et de la vie terrestre qui sont comme l'écho et la grande voix de Dieu.

X

L'Art c'est le Culte

D. — La première Initiation s'achève ; déjà nous percevons les grandes clartés et avons la notion de cette Religion qui est au fond de toutes les religions positives, mais nous voudrions savoir quel est le culte propre à la Religion ayant le caractère d'universel ?

R. — Le Culte est un Art, il est l'Art lui-même, mais fécondé, vivifié par toutes les inspirations religieuses et le mouvement de l'esprit réalisant l'idéal. L'Art et la Religion sont inséparables, car l'Art reste sans influence sur les âmes lorsqu'ayant atteint le fini du procédé, l'inspiration lui fait défaut. Cette inspiration qu'il cherche, la Religion seule, la Religion universelle le lui donne. Elle le convie à une perpétuelle renaissance. Donc tout est Art dans le Culte, et l'âme de l'Art, c'est l'inspiration. Il faut avouer cependant que l'Art ainsi compris n'est pas suffisant pour constituer le Culte proprement dit, qui est la pratique même de la Religion. Plus l'idée religieuse est élevée, plus l'Art qu'elle peut féconder prendra d'ampleur, mais c'est là le Culte conçu dans sa synthèse. Il faut aussi le voir se manifester d'une façon plus terre à terre dans la vie publique et dans la vie privée. Les troisième et quatrième parties de ce catéchisme diront en détail ce que doivent être les pratiques religieuses, le Culte proprement dit, et en quoi l'Art lui-même restera encore le fond du Culte, considéré à ce point de vue. Notre catéchisme est divisé en quatre parties. Nous ne pouvons publier que les deux premières. Les deux autres, qui sont les conséquences logiques des deux premières, ne paraîtront que d'ici quelques années, Dieu nous prêtant vie.

La première partie constitue *le Chemin*, la seconde partie *la Vérité*, la troisième *la Vie* et la quatrième *la Lumière*.

Le mot *Catéchisme* a été critiqué par quelques amis qui auraient mieux aimé un autre titre, mais nous avons cru devoir maintenir le titre que Fauvety a donné à ses notes, à son travail primitif, qui d'ailleurs nous paraît très bien convenir au but que nous poursuivons : rendre populaires des idées abstraites et démontrer l'éternelle et universelle Religion marchant avec l'esprit humain et le ramenant toujours, pour le règne de l'Ordre, aux Vérités éternelles.

———

Restons-en là pour aujourd'hui. Vous en savez assez pour marcher seuls et pour monter plus haut. Tâchez de ne pas descendre, car si l'être monte, il peut descendre aussi, et la chûte est d'autant plus terrible qu'on est monté haut. Que de prétendus saints, après avoir converti des criminels, sont tombés eux-mêmes dans le crime. L'idéal a été tracé dès le commencement. Il n'est pas une pierre de l'édifice religieux qui ne le dise. Mais que de retours en arrière, et que de tâtonnements nouveaux ! Nous ne nous trompons pas. Nous avons pour nous LA RAISON, ET LA RAISON C'EST

L'ÉTERNEL. Avec cette lumière nous pouvons nous dire de tous les temps et de tous les lieux ; et il n'est pas une âme, non corrompue par les paradoxes et les sophismes, qui, en réfléchissant, ne se trouve en pleine communion de pensée avec nous, et ne puisse se dire notre coreligionnaire. Les églises séparatistes, les religions étroites, les haines de sectes disparaissent et nous voyons surgir de la Religion même LA DOCTRINE DE VIE ET DE LUMIÈRE, DE PAIX ET DE JUSTICE, D'AMOUR ET DE FRATERNITÉ, qui est le dernier mot des religions élevées à cette hauteur, et débarrassées de tout ce qui les diminue et les fait repousser par ceux qui n'ont aperçu en elles que *les inévitables* mais *attristantes* exploitations ainsi que les trop grossières ignorances des foules, qui, malheureusement, sont loin encore de pouvoir penser par elles-mêmes.

FIN DE LA PREMIÈRE INITIATION

DEUXIÈME INITIATION

LA VÉRITÉ

I

La Vérité.

D. — Vous venez de nous indiquer
LE CHEMIN et de nous faire entrevoir
le BUT, nous voudrions savoir maintenant par quelle méthode vous êtes parvenu à ces vérités d'ORDRE ETERNEL et
à l'aide de quel CRITERIUM vous avez
reconnu, et nous pouvons reconnaître
nous-mêmes, après vous, le caractère certain des vérités auxquels tout homme doit
s'attacher pour la conduite de chaque jour.

R. — Vous avez appris, si vous avez
suivi un cours de philosophie quelconque,
que la Méthode est cette partie de la Philosophie qui nous apprend par quels
moyens nous arrivons à acquérir la con-

naissance, en même temps qu'à classer notre savoir, à en déterminer les limites et à substituer, dans le langage et dans les écrits, des idées claires et exactes à des notions confuses et superficielles. La Méthode est donc, en dernier analyse, le moyen d'arriver au vrai en toutes choses et dans quelque science que ce soit.

D. — Quel nom donnez-vous à la Méthode que vous préconisez ?

R. — Nous l'appelons *la Méthode intégrale,* parce qu'elle ne repousse aucune des multiples méthodes qui servent à l'homme dans la recherche de la Vérité. Nous n'excluons donc aucun moyen de connaître. Tous les chemins nous paraissent bons, si le chercheur reste sincère et n'a d'autres préoccupations que celles de trouver la Vérité, pour l'aimer et la servir.

D. — Les hommes qui se recommandent de ce qu'ils appellent la Science, paraissent s'attacher plus particulièrement à *la Méthode* expérimentale, prétendant que cette Méthode est la seule méthode à laquelle nous devions les progrès dont s'honore l'humanité.

R. — Nous ne nions pas la valeur de la Méthode expérimentale, mais il n'est pas exact de dire que nos sciences doivent à cette Méthode tous leurs progrès. Il ne suffit pas de sentir et de percevoir les objets pour être assuré qu'ils existent tels qu'ils nous apparaissent. Les erreurs et les illusions des sens sont fréquentes. L'expérimentation n'est pas, d'ailleurs, toujours possible. Il est des phénomènes qui ne se renouvellent qu'à de longs intervalles, d'autres ne se renouvellent pas de la même manière, tels les faits histoques, et certains événements de la vie sociale. Ni la Méthode d'observation, ni la Méthode expérimentale ne suffisent pour découvrir la Vérité et arriver au repos de l'esprit, parce que avec ces méthodes les sens seuls interviennent le plus souvent, et les sens sont sujets à erreur. Nous ne devons négliger aucun moyen de connaître, de connaître exactement.

Pour y parvenir, nous devons laisser ouvertes toutes les portes de notre intelligence, tous les moyens physiques et intellectuels ont leur excellence ; nous devons aussi nous bien appliquer à observer les faits et à les présenter aux vérifications renouvelées de l'expérience, et au contrôle de la Raison qui doit toujours intervenir et ne jamais abdiquer. Rappelons-nous toujours que :

Si l'eau courbe un bâton, la raison le redresse.

Nous vous rappelons donc que la Méthode intégrale contient toutes les méthodes, qu'elle ne peut s'en passer, mais que ces méthodes ne sont rien, et ne peuvent conduire qu'à l'erreur, si toutes ne sont pas éclairées par la lumière de *la Raison* qui est *l'illumination* de notre propre intelligence devant la Vérité qui apparaît.

II

Analyse et Synthèse.

D. — Ainsi, vous n'opposez pas la spéculation rationnelle à l'observation sensible, mais vous soutenez qu'il faut les associer l'une à l'autre, afin d'arriver à un sérieux contrôle.

R. — C'est, en effet, ce que nous soutenons.

D. — Il n'y a donc pas deux méthodes de la Connaissance, mais une seule Méthode, et cette Méthode, qui contient toutes les autres, vous l'appelez intégrale ; une seule méthode ne peut donc pas conduire à la Vérité ?

R. — C'est notre sentiment. Toute méthode particulière conduit à des vérités fragmentaires, non pas à la Vérité complète et absolue. Seule, la Méthode intégrale a cet avantage. Si vous ne vous servez dans vos recherches que de l'induction ou de la déduction, de l'analyse ou de la synthèse, vous ne pouvez arriver à la connaissance de la Vérité, tandis que vous y arrivez sûrement si vous vous servez des deux méthodes, c'est-à-dire : soit que vous remontiez la route, soit que vous la descendiez, par la synthèse ou par l'analyse. Il n'est pas de science qui puisse se constituer dans la Vérité, si analyse et synthèse n'ont été employées.

Après avoir décomposé par l'analyse, que peut savoir, en effet, le chercheur s'il ne reconstitue la synthèse? Analyse et synthèse sont donc les deux procédés à l'aide desquels l'esprit humain découvre la Vérité et trouve le repos dans la pleine lumière d'une certitude absolue.

Peut-on, d'ailleurs, connaître l'Unité et le but même des choses sans, après l'analyse, remonter à la synthèse?

Si vous ne voulez connaître qu'une partie des choses, vous en restez aux sciences fragmentées et fragmentaires, qui peuvent avoir leur valeur pour certaines créations d'ordre purement mécanique, mais qui restent impuissantes pour expliquer la vie et en montrer le but. La Science vraie (Gnose) dépasse toutes ces sciences fragmentées et fragmentaires ; elle ne les dédaigne pas puisqu'elle les contient, mais elle entend, quand elle reprend la direction mentale des peuples, élever le but même de ces sciences particulières, et, au lieu de les faire concourir au développement de richesses factices, et trompeuses, elle leur montre des richesses autrement sérieuses à créer, et à faire circuler de telle manière que tout individu dans la Société peut y trouver sa large part.

———

III

Il ne peut y avoir qu'une méthode.

D. — En quoi la méthode *intégrale* diffère-t-elle de la méthode *expérimentale* ?

R. — Elle en diffère d'abord, comme vous l'avez vu par ce que nous avons déjà dit, en ce qu'elle ne sépare pas l'analyse de la synthèse, ni la loi du phénomène ; elle en diffère surtout en ceci : C'est que sans jamais négliger l'observation, elle lui associe le témoignage de la Raison, qui nous permet de pénétrer l'invisible par le visible et peut, en s'élevant jusqu'à l'Universel, fournir à l'esprit humain un *critère* de certitude amenant l'esprit à s'incliner devant la Vérité même qui lui apparaît.

Ainsi nous affirmons qu'on arrive au Vrai tout aussi bien en partant des principes fixes, pour en faire l'application aux faits contingents ou en déduire les conséquences, qu'en partant des phénomènes pour les rattacher aux lois qui les régissent ou aux causes qui les ont engendrés. L'emploi de *l'a-priori*, même purement abstrait, intuitif, métaphysique, nous paraît tout aussi légitime que celui de *l'apostériori*, même quand il est concret, empirique et expérimental. Tout ce qui importe, c'est que, dans l'un et l'autre cas, nous ayons la certitude du point de départ dans la recherche logique du raisonnement.

La part ainsi faite aux deux procédés de la connaissance, il faut reconnaître que les sophistes et les esprits aux têtes mal faites ont très souvent déconsidéré la méthode dite spéculative, et cela uniquement parce que l'on donnait dogmatiquement aux principes premiers, dont on faisait des axiomes, des conséquences absurdes qui sont l'opposé de la science parce qu'elles ne sont pas les conclusions de la science intégrale. Mais ne peut-on ajouter que les amateurs de la Méthode dite expérimentale abusent un peu de cette méthode et, par des choses mal observées, concluent toujours à l'encontre de la Vérité.

Si dans les temps modernes, les sciences

prétendues naturelles paraissent avoir fait quelque progrès, ce n'est pas à la Méthode expérimentale qu'on le doit, mais à la rigueur plus grande qui s'est introduite dans la manière d'observer. Mais toutes les méthodes ont leur utilité, et nous n'en repoussons aucune. Ce serait vouloir mettre des entraves à la découverte de la Vérité que de repousser quelque méthode que se soit. Dieu nous garde d'une aussi grande faute! Mais qu'on ne soutienne pas que la Méthode expérimentale seule conduit à la Vérité, quand il y a si peu de choses dans la vie qui puisse être connues par cette méthode. Or, c'est toutes choses que l'homme doit connaître s'il veut s'élever jusqu'à Dieu et parvenir à la Science des sciences qui est la Gnose même.

IV

Conditions pour acquérir la Connaissance.

D. — En toutes recherches, il faut avoir un but, savoir ce qu'on veut, où l'on va : Quel est le but de la Connaissance ?

R. — Le but de la Connaissance ne peut être que le but même de la vie. Or, nous découvrons dans nos recherches que le but de la vie, c'est l'accord des parties avec le tout, et l'affirmation d'une harmonie parfaite dans une plénitude d'existence que le savoir seul peut donner à chaque âme, car, pour l'âme toute communion avec la Vérité est un accroissement de vie et une plénitude d'être, qui n'est comparable qu'au bonheur de se sentir vivre avec tout ce qui est et dans le sein même de Dieu. (Dieu entendu comme Unité suprême.)

Il n'y a rien dans le monde qui ne soit connaissable, rien qui ne puisse être pénétré par l'intelligence, rien que ne doive connaître un jour l'esprit de l'homme.

D. — Y aurait-il une manière d'apprendre qui ne fût pas celle de tout le monde ?

R. — Non. La manière d'apprendre est la même pour tous. Il n'y a pas deux chemins pour aller à la Vérité et pour la découvrir, il n'y en a qu'un. La Vérité se trouve chaque fois qu'on la veut trouver, mais il faut vouloir la trouver en allant au devant d'elle et non en lui tournant le dos.

V

Le Moi point de départ de la Connaissance.

D. — Existe-t-il un terrain solide d'où notre esprit puisse partir avec certitude pour avancer rapidement dans la connaissance des choses ?

R. — Le terrain solide : c'est nous-mêmes et tout ce qui nous entoure ; c'est la conscience de notre propre existence et de celle du monde extérieur. La réalité parfaite, c'est notre Moi conscient en face de toutes les autres réalités. Je suis, vous êtes, nous sommes, c'est la première et importante démonstration que la vie, en se réfléchissant en nous, nous fait chaque jour et à chaque instant. C'est par nous et en nous que se révèle notre propre vie et la vie universelle. Le sujet et l'objet, le Moi et le Non-Moi, ce sont là les deux faces de l'existence sous quelque forme qu'elle se présente.

Définissons bien le *Moi* : c'est ce qui sent, perçoit, comprend, ce qui réfléchit ; le *Non-Moi* est ce qui est senti, perçu, réfléchi. La coexistence des deux choses est évidemment la condition première de toute connaissance.

D. — Le Moi ainsi compris est-il bien réel ? N'est-ce pas une simple abstraction ? N'y a-t-il pas là une simple illusion ? Je vois bien mon corps et le vôtre, je ne vois ni votre *Moi* ni le *Mien*.

R. — Cette observation n'est pas sérieuse. Le *Moi humain* est une réalité indiscutable : il est la personnalité humaine tout entière ; il ne peut donc y avoir d'illusion lorsqu'on part du *Moi humain* pour aboutir à toutes les autres réalités de la vie.

D. — La réalité de l'objet, du *Non-Moi* *(de l'autre, des autres)*, c'est-à-dire : de ce qui nous est extérieur, est-elle aussi incontestable que celle du sujet ou du *Moi-Conscient* ?

R. — Il ne saurait s'élever de doute à cet égard. Les deux termes sont nécessaires l'un à l'autre, l'un ne peut exister sans l'autre. Il faut au moins deux termes pour produire un rapport et il n'y a ni existence, ni connaissance sans les rapports (les relations) d'être à être, c'est-à-dire : du *Moi* avec le *Non-Moi*.

La certitude que j'ai, moi, être conscient de mon existence, je ne pourrais l'avoir si j'étais privé de toute relation, de tout contact avec quelqu'un ou quelque chose. Ce sont les rapports, les relations entre les êtres qui donnent à toutes choses, mais particulièrement à l'homme, la notion de l'existence et qui créent, entretiennent et renouvellent toutes les manifestations de la vie, dans l'ordre matériel comme dans l'ordre spirituel.

C'est dans la résistance de l'objet et la pression qui en résulte que se trouve la cause immédiate de l'impression produite. Sensible, l'être ressent l'impression ; intelligent et actif, il la perçoit, la juge et la connaît. Ainsi toute connaissance résulte d'un rapport entre un sujet connaissant et tels objets connus ou à connaître. Le sujet, dans l'ordre humain, est toujours le même, c'est l'esprit de l'homme. L'objet ou les objets consistent dans l'infinie variété des choses que nous pouvons connaître, c'est-à-dire : dans l'infini des rapports que nous avons à établir entre nous et tout ce qui est et à travers des existences renouvelées, sur le plan terrestre comme sur les autres plans de la vie universelle.

VI

Qu'est-ce que la Vérité ?

D. — Vous ne nous avez pas encore dit ce que vous entendez par le mot *Vérité*, car bien des personnnes ont la prétention de la connaître, en ont la bouche remplie chaque fois qu'elles parlent, et cependant rien dans leur vie ne paraît faire croire qu'elles connaissent la Vérité, la servent et l'aiment comme elle doit être aimée et servie.

R. — Ce n'est malheureusement que trop exact. Le mot *Vérité* est employé à tort et à travers, et l'âme simpliste en est toujours extrêmement troublée.

C'est justement pourquoi nous élevons la voix au nom même de la Vérité et que nous venons la montrer du doigt à quiconque la recherche et veut marcher à sa suite.

La Vérité et la Réalité sont une seule et même chose et s'affirment dans l'être *un* en *divers* qu'est la vie et qu'est le monde

(le Cosmos). On peut dire que tout ce qui
existe est vrai et que le réel est dans le
vrai comme le vrai est dans le réel. Cependant il faut faire une distinction. Le vrai
peut très bien n'avoir de réalité que pour
l'esprit. Les notions, les concepts, les raisonnements, les jugements, les idées, tout
ce qui est du domaine de la pensée, tout
ce qui appartient à la spéculation intellectuelle peut se trouver vrai pour l'esprit
et n'avoir pas de réalité concrète, c'est-à-dire : de représentation sensible et matérielle. Ainsi quand nous disons : « La loi
» de la vie (élevée au suprême degré, pour
» l'être religieux, et vraiment chrétien),
» c'est de se sentir vivre dans les autres et
» de sentir les autres vivre en lui », nous
énonçons là une grande Vérité, mais qui
n'a pas encore trouvé dans la vie terrestre
sa concrétation parfaite. Les saints eux-
mêmes, ceux qui méritent ce nom, n'ont
pu réaliser en eux ce but même de la
sainteté, mais beaucoup d'entre eux s'en
sont rapproché, tel François d'Assise, tel
Vincent de Paul.

Dans la vie, ne l'oublions jamais, tout vient de l'être et y retourne : nos idées, nos raisonnements comme tout le reste, parce qu'il n'y a rien en dehors de ce qui est. Mais dans ce qui est il y a non seulement ce qui se manifeste : le phénomène qui frappe nos sens, mais il y a encore pour l'esprit des rapports purement intellectuels. C'est là le domaine de *l'invisible*. L'esprit seul le saisit, mais il ne le saisit que par le *visible* : « Les cieux racontent la gloire de Dieu », ce qui veut dire : que ce sont les œuvres de la Nature qui nous révèle *le Dieu vivant et personnel*, qui se cache, mais se montre cependant, derrière les voiles de l'invisible vie, dont nous n'apercevons, sur le plan terrestre, que quelques-unes des manifestations.

Il ne suffit pas pour *comprendre* de percevoir les choses de la vie comme elles nous apparaissent et frappent nos sens.

Notre esprit veut aller au-delà de l'effet. C'est à la cause même de l'effet qu'il veut remonter. Il veut davantage. Il veut se rendre compte de ce qui fut et entend

prévoir ce qui sera. Il y parvient en étu-
diant les rapports des êtres entre eux et
avec le milieu, le temps et l'espace. Il
découvre les lois constantes qui font l'enchaînement logique de ces rapports et
constituent *l'ordre* et *l'harmonie*. Les lois
de la vie conçues par l'esprit sont parfaitement certaines, mais ce ne sont point nos
sens qui nous les font découvrir, et c'est
sur ces lois que les diverses sciences s'édi-
fient avec des classifications propres à
chacune d'elles. En outre, et nous appelons ici toute votre attention, comme nous
ne sommes pas seulement des êtres de
savoir, mais que nous sommes aussi des
êtres moraux et que nous avons à prendre
des déterminations à chaque pas que nous
faisons dans la vie, afin d'agir en connaissance de cause et avec nos responsabilités,
il nous faut pouvoir distinguer l'utile du
nuisible, le bien du mal, le juste de l'in-
juste, le beau du laid, le vrai du faux, la
vérité de l'erreur. Nous sommes là en
plein monde invisible, dans le monde des
lois morales et des multitudes de rapports

invisibles qui ont leur répercussion dans toute la vie sociale.

Ainsi donc, le monde de la Nature et l'Humanité dans ses manifestations si diverses et si troublantes, pour qui ne sait pas ou ne veut pas réfléchir, c'est le champ très vaste de la Vérité, et la Vérité c'est ce qui est conforme à la réalité visible ou invisible de la Vie.

En résumé, nier l'existence de la Vérité, c'est nier à l'homme la possibilité de connaître ce qui l'entoure et de se connaître lui-même, c'est saper dans leur base l'ordre humain et l'ordre social, c'est nier que la vie a un but et que l'homme a des devoirs sacrés vis-à-vis de l'ensemble des choses et vis-à-vis du Principe d'Unité autour duquel tout gravite pour la manifestation d'une harmonie qui apparaît même au milieu de bien des discordances.

Ce n'est point une science sèche qui nous apprend ces choses magnifiques, ni non plus une science fragmentée. C'est la philosophie elle-même, élevée à la hauteur d'une Religion réellement catholique

(universelle), qui illuminent les sciences
en les obligeant à conclure et à se réunir
dans une Synthèse Suprême pour confes-
ser et affirmer les Vérités découvertes et
incontestables. Il faut que la Philosophie
ne cesse pas d'être la Science, mais il
faut aussi que la Science ne cesse pas
d'être la Philosophie, car il n'y a pas plus
de Philosophie sans Science que de Science
sans Philosophie. Ajoutons encore que
dire : Science et Philosophie c'est dire :
Religion, car pour la pratique de la Vie,
et l'affirmation des Vérités acquises, la
Religion, c'est *la Philosophie vécue*. Toute
Science vraie est religieuse et cela parce
qu'aucune science n'est isolée, indépen-
dante de l'ensemble des Sciences. Comme
les branches d'un même arbre, elles se
rattachent toutes au tronc commun des
connaissances humaines et l'on peut dire
que la même sève les nourrit, et le fruit
de cette sève : c'est la Gnose.

VII

Définir les mots avant toutes choses.

D. — Quelle est la première condition pour connaître la Vérité?

R. — Il faut, avant tout, s'entendre sur les mots. Si on ne s'entend pas sur les mots, il est inutile de faire un pas de plus : l'erreur est au bout. Définir les termes dont on se sert, c'est mettre de la clarté partout et en tout. Cette règle dans la recherche de la Vérité doit tout particulièrement être appliquée quand on s'occupe de ce qui ne tombe pas sous les sens. Ainsi, les mots : *âme, Dieu, Religion, esprit, foi, force, matière, substance,* ont donné lieu à des discussions sans fin et à des malentendus qu'on aurait évités si l'on avait dit clairement ce que l'on entendait avec ces mots. Non seulement, nous devons quand nous discutons, nous mettre bien d'accord avec les autres sur les mots employés, mais aussi pour nous-mêmes,

voulant nous convaincre, sans même avoir
en vue de convaincre les autres, nous ne
devons nous arrêter qu'aux justes défini-
tions et n'employer aucun mot qui ne soit
clairement défini.

VIII

Tout est régi par des lois.

D. — Les mots étant bien définis, comment notre esprit parvient-il à posséder la Vérité et à savoir qu'il la possède ?

R. — Il y parvient par la connaissance des lois et des principes, car tout découle de ces lois et de ces principes. Il faut l'observation et l'expérience, l'étude attentive des faits dans leur succession et leur enchaînement, mais il faut, avant tout, au chercheur et au penseur, cette conviction première : qu'il y a de l'Ordre dans le monde et qu'il n'est rien qui ne soit soumis à des lois. Cet acte de foi a fait faire à la Science des pas de géants, et elle est allée de découvertes en découvertes (¹).

Si les sciences qui se sont données pour objet l'étude de l'homme et de la Société,

---

(¹) On ne peut pas se passer d'actes de foi, mais les actes de foi qu'impose la Vérité pour se laisser découvrir n'ont rien de commun avec les actes de foi absurde.

n'ont pas marché du même pas que les sciences physiques et naturelles, c'est que ceux qui s'en sont faits les défenseurs n'ont pas été suffisamment convaincus que les sciences qui ont l'homme et la société pour objet, reposent, elles aussi, sur des lois fixes, universelles, et que le concept d'*Ordre* s'étend à tout, au Monde moral comme au Monde physique.

Pour comprendre nos relations avec la Nature et pouvoir la gouverner en lui obéissant, il faut connaître les lois permanentes qui régissent l'Univers et y maintiennent l'harmonie que nous y admirons. De même, pour savoir ce que doivent être nos relations avec nous-mêmes et nos semblables, avec tous les êtres, pour nous rendre compte de nos devoirs, et arriver à remplir dignement notre mission terrestre, nous avons besoin de nous faire une certaine idée de l'harmonie que nous sommes appelés à réaliser dans le Monde moral. Cette harmonie ne peut-être fondée que sur des lois. Ces lois, ou principes, une fois connues, serviront à régler nos actes et à construire ce monde social dont la création nous incombe sur la terre, avec des lumières certaines indiquant bien le Chemin, la Voie dans la Vérité, c'est-à-dire : le But même de notre destinée terrestre individuelle et collective.

IX

Définition de la loi.

D. — Expliquez-nous ce qu'on doit entendre par le mot *loi*?

R. — Dans le sens philosophique et scientifique du mot, la loi est la formule qui apparaît et prend naissance logiquement au moment où un rapport s'établit entre quelque chose que ce soit. Au reste, il n'est pas de meilleure et de plus claire définition que celle qui est de Montesquieu : « La loi est le rapport nécessaire » qui dérive de la nature des choses ». On peut encore la définir : « La formule » rationnelle qui, dans chaque série de » phénomènes, ramène à l'unité la diver- » sité des rapports de même nature ».

Une telle définition de la loi implique la reconnaissance qu'il y a non-seulement de l'Ordre dans la Nature, mais qu'il y a partout de l'Intelligence et que nous ne faisons avec la Science que le constater par les lois mêmes que nous découvrons, et cette Intelligence que nous découvrons partout et toujours n'est autre que la manifestation absolue, parfaite et universelle d'une Volonté suprême que nous nommons Dieu, parce qu'il n'y a pas d'autre nom à donner à un être intelligent, visible universellement, et que nous révèlent toutes les lois de la vie.

X

Du Rôle des Lois dans la Nature.

D. — Comment arrivons-nous à la découverte des lois qui régissent la vie ?

R. — La loi est inséparable du phénomène qui la manifeste. Elle ne nous est révélée que par lui au moment même où il se produit. C'est donc par l'observation attentive des faits, en constatant leur périodicité et leur permanence que nous découvrons les lois du monde physique. Mais la découverte des lois est imposssible si nous ne nous servons pas de cette faculté de l'esprit humain qui lui permet de s'élever jusqu'à la conception de l'universel. C'est grâce à cette puissance de généralisation que des phénomènes tout particulier d'une pomme tombant au pied d'un arbre l'esprit de l'homme a pu s'élever au fait plus général de la pesanteur terrestre et à la loi de gravitation universelle, laquelle, en embrassant sous une même formule mathématique tous les corps célestes ou terrestres dans leurs rapports de mouvement et d'équilibre, permet d'expliquer et de prévoir une foule de phénomènes. C'est ainsi qu'il a été possible à un habile calculateur et savant astronome de dire : « Si » les principes de la gravitation sont vrais, » il doit se trouver à cet endroit du ciel » une planète encore inconnue. » Et la planète fut découverte.

XI

Les Lois et les Principes

D. — Quelle différence faites-vous entre les lois et les principes ?

R. — Le mot *principe* est souvent employé comme synonyme du mot *loi*, mais comme il implique l'idée de commencement *(principium)*, il s'emploie de préférence pour les lois fondamentales du Monde moral et s'entend surtout des vérités premières qui semblent se démontrer par elles-mêmes comme des axiomes. Nous nous en servirons dans ce sens, avec cette différence que nous entendons que les lois et principes du Monde moral soient, à l'égal des lois et principes du Monde physique, tirés de l'observation des faits et démontrés rationnellement. Ce n'est qu'à cette condition que nous pourrons trouver dans les principes les bases d'une Science sociale vraiment positive et des critères de certitude fortifiant la conscience et chassant du monde l'arbitraire et l'absurde.

XII

La Création.

D. — Votre catéchisme ne paraît pas avoir une suite logique si on le compare aux catéchismes des diverses églises chrétiennes ?

R. — Nous ne le contestons pas. Nos chapitres et nos divisions semble donner raison à votre observation. Car, nous trouvons seulement dans ces deux premières initiations les grandes lignes des principes qui nous guideront lorsque nous publierons les 3e et 4e initiations gnostiques.

D. — Vous ne paraissez pas vous intéresser comme les autres hommes religieux à l'idée de Dieu et votre conception des lois fait supposer que vous ne voulez pas le considérer comme législateur ?

R. — Détrompez-vous. Nous sommes des déistes impénitents, mais pour nous

Dieu c'est la loi même, la loi vivante et consciente de l'Univers, loi de laquelle toutes les autres découlent, parce que cette loi est la Raison même des choses et que sans elle rien de ce qui est ne pourrait être. Mais cette loi suprême n'est pas extérieure au monde. Elle est, avec toutes les autres lois inhérentes aux choses, inséparable de toutes les manifestations de la vie et de tous les rapports que les êtres établissent entre eux. Ces lois et cette loi suprême sont éternelles comme l'Eternel lui-même. (Je suis celui qui suis, *ego sum qui sum*), car tel est Dieu, tel sera l'Être parfait. Il n'a ni commencement, ni fin, et la vie qui est en lui est éternelle comme lui. C'est pour cela qu'il n'y a pas de création proprement dite. Rien ne commence et rien ne finit, mais tout continue. Tout est lié par des relations nécessaires ; tous les êtres, tous les mondes forment par leurs correspondances mutuelles un Ordre universel, une harmonie infinie, et nous ne pouvons supposer un temps où il n'en fut pas ainsi. La création est éternelle, nous voulons dire que la création est incessante, ou plutôt que la vie ne cesse de renouveler la vie dans le temps et l'éternité et que tout est universellement et éternellement semblable, bien que tout paraisse universellement et éternellement nouveau dans les grands cycles des changements et des modifications de la vie.

Mais, direz-vous, que devient Dieu dans tout cela ? Ce qu'il devient est facile à comprendre et crève les yeux. Sa pensée est toujours agissante et sa loi est toujours vivante. Le miracle disparaît peut-être aux yeux du vulgaire qui aime les baguettes magiques et les changements à vue des féeries enfantines. Le miracle que nous montrons, et qui est celui de la Vérité est autrement grandiose et c'est celui que raconte la Science et que répètent les Bibles bien traduites. Il consiste à se reproduire chaque jour dans une création continue, incessante, magnifique. Rien dans cette création n'est livré au hasard ni au mécanisme brutiste et athée. Tout y est ordonné avec intelligence et traduit dans une loi qui

révèle à qui veut voir cette « Raison qui
était au commencement et sans laquelle
rien de ce qui est, ne pourrait être. » C'est
là la Raison suprême, l'Unité de vie, la
Loi consciente où aboutit et d'où part tout
ce qui est dans l'Univers. C'est de là que
part le foyer de lumière et d'intelligence
où tous les êtres viennent puiser le mouvement et la vie. C'est là que viennent
aboutir tous les rapports et expirer toutes
les discordances, et c'est là que tout se
convertit en lois pour créer les grandes
harmonies de la conscience et du Cosmos.
N'apercevez-vous donc pas ici la fonction
divine ? Et le Dieu que nous vous annon-
çons n'est-il pas le véritable, celui qu'il faut
adorer parce qu'il est vivant et réel ?

Le Dieu vivant, le Dieu qui agit, dont
nous sommes les collaborateurs avec tous
les autres êtres, ce Dieu (et il n'en est
point d'autres) : c'est le point de perfection suprême où expirent tous les égoïsmes,
où toutes les particularités, toutes les
spécialités, toutes les individualités *s'uni-
versalisent* sans rien perdre de ce qui leur

appartient ; où l'Etre parfait, Loi vivante et Moi conscient de l'Univers, possédant la plénitude de l'Existence, et se sentant vivre dans tout ce qui est, ne vit plus que pour les autres et où, en communion avec toutes choses, il appelle tous les êtres humains à s'élever à ce degré de perfection et de divinisation générale. « Soyez parfait comme votre Père céleste est parfait. » Est-il un plus bel idéal?

XIII

Le Monde moral a ses lois.

D. — Que le monde physique ait ses lois, que ces lois soient l'unique cause de l'Ordre que nous constatons dans toutes les successions de phénomènes, nous ne le mettons pas en doute, les expériences des sciences nous prouvent que vos affirmations sont fondées, mais en est-il ainsi pour le monde moral ?

R. — Une fois qu'on est bien convaincu qu'il ne saurait se produire de phénomènes qui ne soient soumis à des lois, on croit d'une foi profonde à l'Ordre universel. Le Monde moral repose sur le même Ordre ; il n'est pas possible qu'il en soit autrement, car la vie ne peut être nulle part livrée au désordre. Il existe, cependant, une différence entre la manière d'être du Monde physique et celle du Monde moral. Le Monde physique s'impose à nous, nous domine ; nous sommes contraints de le subir sous peine de souffrance et de mort, même en pleine ignorance de ses lois. Le Monde moral, au contraire, est le produit de nos propres actes. C'est nous qui le créons, en ce sens que nous suscitons quotidiennement par nos relations avec nos semblables les formes variantes de l'état social dans lequel nous vivons. Les lois, les prescriptions du droit et de la morale, c'est l'homme qui les formule, mais non pas sans tenir compte, qu'il soit athée ou religieux, d'une certaine Révélation qui se fait au fond de lui-même, et qui reste une sorte d'acquiessement à l'Ordre même que toutes choses dans la vie doit réaliser. Il n'y a pas, si on les examine impartialement, de variations dans les lois et prescriptions des cadres de lois ou de morale établis au milieu des peuples. Il n'y a chez chaque peuple qu'une manière particulière de les sentir et de les exprimer. La conscience humaine est partout la même, et sur toute la surface du globe chez les hommes non déformés par les

7

sophismes, la sauvagerie ou la barbarie,
le Bien est le Bien et le Mal le Mal, car la
Révélation de Dieu par la conscience est
universelle et ne souffre aucune contradiction, parce que cette Révélation des
devoirs et des droits est le reflet de la
pensée divine s'affirmant dans l'homme et
se réalisant dans l'humanité. Mais cet
ordre moral est gênant pour l'homme et
dur à supporter, de là les errements de
l'homme, ses doutes, ses tâtonnements, ses
chûtes, ses régressions, fruit de sa liberté,
mais dont les conséquences restent dou-
loureuses et semblent faire croire qu'il n'y
a pas de monde moral quand ce monde a
cependant des réalités si formelles. En
douter, c'est douter de la Science des principes, c'est douter que la vie morale pour-
suit son but comme la vie physique et que
les fins de l'une et l'autre sont une harmonie identique et une paix et une grande
joie dans la communion universelle des
âmes.

XIV

La Science des Principes.

D. — Comment arriverons-nous à cet état désirable que vous nous faites entrevoir où chaque homme sera à même de se faire une idée vraie de ses droits et de ses devoirs et où un jour tous les membres de l'humanité reviendront au sens de la vérité innée en eux, mais présentement refoulée par les préjugés et les faux intérêts, les sophismes et les mensonges des maîtres du monde, chrétiens en tête, ce qui est une honte ?

R. — On y arrivera en faisant que les hommes s'inspirent des mêmes principes pour se déterminer dans toutes leurs actions et leurs jugements. De même qu'il existe une science des nombres et des grandeurs qui fournit à l'esprit humain des mesures fixes et des règles exactes, il y a aussi une science permettant à chaque homme des moyens certains de reconnaître dans quelle mesure il peut réaliser la pensée de Dieu, se rendre heureux et vivre en paix avec tous ses frères. Cette science c'est la science des principes et sans elle le Monde moral ne peut avoir de réalité ni d'utilité dans le monde social.

D. — Quel est l'objet de la science et des principes ?

R. — Vous devez déjà le savoir. Son objet est de faire connaître les lois fondamentales du monde moral, afin que chacune de ses lois nous serve de commune mesure pour apprécier tous les faits de son domaine, tous les rapports qu'elle doit régir, de façon à ce que nous puissions distinguer dans chaque série le vrai du faux et connaître les éléments bons et mauvais, les premiers devant être assimilés à notre âme pour maintenir notre être dans la voie de la Vérité, les seconds devant être repoussés, par l'action de notre propre liberté, hors de notre être moral et éliminés avec le concours de tous du milieu où il nous est donné de vivre. Les principes sont éternels, nul ne les a inventés, et il y a longtemps qu'il a été recommandé à l'homme de marcher à la lumière des principes, mais ce qui peut-être a manqué jusqu'ici à l'esprit humain, c'est de pouvoir contrôler les principes eux-mêmes avec méthode.

Il faut donner au monde moral des bases positives et fournir à l'Ethique, à l'Economique, à la Politique, à la Religion et à toutes les sciences sociales, le caractère scientifique qui semble leur avoir manqué jusqu'ici. Il faut prouver à tous la coordination des principes et leurs fonctions dynamiques au sein de la vie sociale, familiale et individuelle. Il faut surtout indiquer clairement le moyen infaillible de vérification pour les reconnaître comme tels, c'est-à-dire : comme des lois absolument vraies, essentielles, fondamentales, car telle est vraiment la Science des principes, dont tant de gens se moquent, mais qui, cependant, ne se sont jamais laissé violer impunément ni dans les actions collectives des hommes, ni dans leur vie familiale ou individuelle.

XV

Insuffisance de la morale.

D. — La morale ne fournit-elle pas à l'homme les préceptes qui doivent régler leur conduite dans la vie ?

R. — Sans doute, mais la morale doit justifier les règles qu'elle impose à la conscience. — A mesure que la confiance diminue dans l'autorité des représentants des Religions, par la faute même de ceux qui détiennent cette autorité, il faut trouver d'autres preuves que celle des commandements dus à une Révélation première. — C'est à la Raison éternelle qu'il faut nous adresser. Elle ne varie jamais.

D. — La morale ne peut-elle pas se passer des croyances religieuses ?

R. — La morale est une science, les croyances religieuses ne lui sont pas utiles pour formuler ses lois, mais la morale ne devient vraiment vivante dans l'individu qu'avec le concours de la Religion. Il ne suffit pas de proclamer des maximes et des préceptes, il faut déterminer les hommes à les pratiquer. C'est l'œuvre de l'enseignement philosophique et de l'éducation religieuse. Quand cette œuvre ne se fait pas, quand, par l'extinction de la vieille foi, les peuples n'ont plus de mobiles de moralité, et quand la philosophie, la science n'ont rien à mettre à la place de l'ancien idéal, alors la vie spirituelle n'ayant plus de but et *la loi morale étant privée de sanction*, la science morale se trouve sans influence sur les âmes. Ses principes n'en restent pas moins éternels. Ils continuent même à être enseignés, vantés et proclamés plus que jamais, imposés par les lois civiles : Seulement ils ont cessé d'être vécus et pratiqués par ceux-là mêmes qui les professent et les imposent, et les peuples les imitent. Alors on assiste à cette double manifestation de phénomène d'un considérable abaissement du niveau moral et d'une corruption de mœurs marchant de front avec le « Progrès des lumières », et l'action d'une Presse vénale, pouvoir spirituel des temps modernes, qui prépare au monde des ruines immenses et des retours en arrière que les intéressés ne veulent pas voir parce que la morale religieuse les troubles. Et tout cela au milieu des civilisations trop brillantes et trop fières de leurs œuvres. Car toutes ont fini de la même manière et avec le même fracas. Ce sont là *les signes* des Sociétés qui meurent. Heureusement, l'humanité ne meurt pas, et toujours, sous les formes vieillies, qui s'en vont, tressaillent des vies nouvelles.

XVI

La Raison universelle.

D. — Vous demandez à l'homme d'un coup d'aile de s'élever bien haut ?

R. — Il le peut. L'homme et Dieu ne sont point faits pour ne pas se connaître. Or, l'homme connaît Dieu lorsqu'il met d'accord la Raison humaine avec la Raison divine, qui est la Raison universelle, visible à l'œil nu pour toutes les intelligences. Raison divine et Raison humaine sont identiques, car la Raison humaine n'est que le reflet de la Raison divine : L'humanité peut dire avec son Christ (Jésus) : qui m'a vu, a vu mon Père ; mon Père et moi nous sommes *un* et la Raison c'est la Parole même de Dieu « qui était au commencement et sans laquelle rien de ce qui est n'a été fait », ni dans les cieux, ni sur la terre. C'est le *logos* cette *lumière* « qui éclaire tout homme venant en ce monde. » Cela peut être bien mystique, mais cela *est la vérité*. C'est parce que dès l'origine l'homme a été doué de conscience et de raison qu'il est resté responsable de ses actes. Pouvant se connaître, se juger, se posséder, l'homme ne repoussant plus cette lumière qui pénètre et illumine tout son être, peut se gouverner lui-même, être son Prêtre et son Roi, et il est vraiment à ce degré : Prêtre et Roi. Il porte en soi son propre Pouvoir Spirituel et sa Royauté terrestre, et cela lui vient de sa Raison vibrant d'accord avec la Raison divine ; et la Raison humaine, sans orgueil, peut être assurée qu'elle ne se trompe pas, qu'elle est bien le reflet de la Raison universelle, **qui** est Dieu.

D. — C'est très beau, nous sentons que vous dites la vérité, cependant, comment démontrer scientifiquement cet accord entre la Raison humaine et la Raison divine ?

R. — Il existe, pour reconnaître le caractère de la Divinité dans les rapports humains, une épreuve infaillible et à la portée des intelligences tournées vers la Vérité. C'est celle de *l'universalisation*, qui se fait par un procédé logique appelé *critère de certitude*.

XVII

Le Critère de Certitude.

D. — Veuillez compléter votre pensée. Votre *critère* n'est-ce pas *une mesure, un étalon*, à laquelle on ramène tout ce que l'on veut examiner pour conclure que c'est là la vérité ?

R. — Vous avez parfaitement compris. Nous appelons, en effet, *critère de certitude* la Règle qui, mise à la portée de tous les hommes, permet de distinguer ce qui est de *principe*, de ce qui est d'*accident*, ce qui a le caractère absolu propre à *la loi* de ce qui ne doit être considéré que comme un phénomène afférent à un milieu donné ou comme un fait tout relatif se rattachant à une situation modifiable.

D. — Qu'attendez-vous de l'application de cette règle ?

R. — L'avantage de savoir déterminer sûrement les lois morales et les principes essentiels à la vie des sociétés, de façon à faire de la Sociologie une science positive, et à faire entrer ces lois et ces principes dans les mœurs et les institutions, ce qui obligera l'homme à tendre de plus en plus vers sa destinée qui est : « La Perfection dans la plénitude de l'existence. »

D. — Veuillez insister sur le procédé lui-même, de manière à en laisser dans notre esprit une notion très nette ?

R. — Il consiste simplement à universaliser par la pensée toute notion, toute idée, tout concept d'un fait moral ou social qu'on donne comme une loi de la conscience ou comme principe de la conscience. Si par cette généralisation on reconnaît que l'on peut concevoir ce fait comme s'étendant jusqu'à *l'universel* sans rien perdre de son identité, on aura constaté qu'il possède le caractère de la plénitude qui n'appartient qu'à la perfection absolue. C'est une loi, c'est un principe. Au contraire, ce n'est pas une loi, ce n'est pas un principe si en l'universalisant vous rencontrez le *contradictoire* au lieu d'aboutir à l'Etre dans sa plénitude. Le vrai ne peut aboutir ni au non-Etre ni au néant. En un mot, tout ce que nous pouvons *généraliser, universaliser,* sans aboutir au *mal,* à la *destruction,* au *néant,* au *contradictoire,* à l'*absurde,* au *désordre,* c'est la Vérité et c'est là LE PRINCIPE et LA LOI. Nous pouvons nous y arrêter avec *certitude,* sans crainte, car Dieu est là, avec le Bien suprême et la Vie avec toutes ses beautés, toutes ses gloires, tous ses triomphes, toutes ses harmonies, toutes ses joies, toutes ses notes harmonieuses et sa grande et sublime Unité.

XVIII

Application du Critère de Certitude aux Principes sociaux.

D. — Nous vous demandons de vous attacher à appliquer le critère de certitude à certains principes sociaux ?

R. — Ajoutez l'épithète d'*universel* à un principe social quelconque ou à une loi obligatoire de la conscience. Par exemple : *Ordre*, Liberté, Egalité, Fraternité, Justice, Solidarité, qu'obtenez-vous ? Est-ce le Bien, est-ce le Mal ? Nous ne le pensons pas. L'Ordre *universalisé*, la Liberté *universalisée*, l'Egalité *universalisée* n'aboutissent point au *contradictoire*. Généralisons l'idée d'ordre en particulier, avec elle nous ne risquons pas de rencontrer le contradictoire. Chaque pas que nous faisons dans l'Ordre augmentera la valeur de notre état social, et si nous arrivons à le concevoir comme *universel*, l'idée que nous en aurons sera corrélative de l'Ordre parfait. Il ne peut rien y avoir au-delà. L'Ordre est donc une loi fondamentale, un principe essentiel, Dès ce moment, la preuve est acquise pour cette série et l'esprit peut se reposer dans l'absolu. L'homme sait, dès lors, que tout ce qu'il accomplira dans le sens de l'Ordre, le rapprochera de son idéal qui est la perfection. Mais l'*Ordre* est bien loin de suffire à la vie parfaite. La liberté doit s'y ajouter. Elle est autant que l'ordre susceptible de s'universaliser, mais non pas sans s'associer à l'*Ordre*, ni sans s'aider de son concours, car ces deux principes, pour paraître antinomiques, sont corrélatifs et inséparables dans le jeu des institutions humaines, et il est facile de concevoir les rapports de *Liberté* s'universalisant sans nuire à l'*Ordre*, au contraire développant l'*Ordre* à mesure que la *Liberté* s'étend. Tous les hommes jouissant de toutes les libertés, c'est encore la perfection cherchée et dans toute sa plénitude.

On peut continuer la série : Egalité, Fraternité, Justice, Solidarité, tous ces termes supportent la vérification et désignent de vrais principes.

On peut faire la contre-épreuve pour les faux principes. Comment pourrait-on, par exemple, doter des caractères de l'*universalité* : le *désordre*, la *servitude*, l'*iniquité*, la *guerre*, l'*oisiveté*, l'*esclavage*, l'*oppression*, la *misère* et tous les maux qui atteignent le corps social ? Voyez ce que ferait l'oisiveté *universalisée* : stérilisation de toutes les sources de la production et il en résulterait quelque chose comme la fin du monde par la misère, la famine, le cannibalisme et la répression générale de l'humanité civilisée.

XIX

Le Critère de Certitude appliqué aux Institutions sociales et aux Lois positives.

D. — Il est évidemment possible d'appliquer notre critère de certitude aux lois positives et aux institutions sociales ?

R. — Le critère de certitude est applicable à toutes choses ou il n'est pas la mesure ni le signe de la Vérité. Toutes les lois, toutes les institutions doivent relever de la Raison, les lois physiques comme les lois morales, car une loi qui n'est pas universelle n'est pas une loi et le bon sens et la raison sont contre elles. Toutefois, il ne faut pas oublier que nous vivons dans le relatif et que la formule de la loi a seule le caractère d'absoluité.

Les lois d'ordre civil et politique sont adéquates aux milieux mêmes pour lesquelles elles sont édictées ; elles sont propres à des hommes et à des besoins multiples et changeants, longtemps encore

elles ne peuvent avoir qu'une valeur rela-
tive. Il en est peu qui puissent présentement
subir l'épreuve du critère de certitude ; la
Raison pure serait même obligée de les
repousser toutes. Mais, de plus en plus,
nous pouvons leur demander de ne pas
être en contradiction avec les principes et
les obliger à s'y conformer de plus en
plus. Ce n'est pas une concession que
nous faisons en ce moment. Nous devons
rester intransigeants, quant aux lois et
aux principes, et condamner ceux qui
les oublient ou les violent. L'état social au
milieu duquel nous vivons s'impose à
nous avec ses avantages et ses charges.
Nous devons le prendre tel qu'il nous est
transmis par les générations antérieures.
Il est ce qu'il est. Notre Œuvre quoti-
dienne, comme membre de ce grand corps,
est de l'améliorer sous ses divers aspects,
chacun dans notre sphère d'action et selon
les forces dont nous pouvons disposer.
Quant aux lois positives, le rôle du législateur est de les perfectionner dans le
sens de l'Utile, du Juste, du Beau et du

Bon. Pour cela, il faut ne jamais perdre de vue les principes essentiels à la vie des sociétés et s'appliquer, de plus en plus, à les introduire dans les institutions et dans les lois d'ordre économique. Chaque principe ayant été mis à l'épreuve de l'*universalisation*, on est assuré qu'en faisant entrer de plus en plus les principes dans les lois civiles et, par elle, dans les mœurs et les pratiques sociales, on marchera à grands pas vers l'état social après lequel les meilleurs enfants des hommes ont toujours aspiré, mais qui est encore si loin de nous, par la faute des hommes et particulièrement des conducteurs de « troupeaux ».

XX

*Application du critère de certitude aux
précaptes de la morale.*

D. — Veuillez nous indiquer comment
il faut s'y prendre pour soumettre les
préceptes, les commandements, les leçons
de l'Ethique ou de la morale proprement
dite à notre *critère de certitude* ?

R. — Le procédé est toujours le même.
Il suffit d'universaliser par la pensée le
genre de rapports dont on veut se rendre
compte. Pour cela on a qu'à ajouter au
terme auquel on veut donner une valeur
de *principe ou de loi* morale obligatoire
pour tous l'épithète *d'universel*. Ainsi nous
pouvons dire « Bonté universelle », « Générosité universelle », « Tolérance universelle », « Probité universelle », « Loyauté
universelle », car il n'est pas douteux que
ce soient là des lois vraies ayant réellement valeur de principes. Il en est de
même d'une foule de vertus comme « la

Charité », « la Prudence », « le Courage »,
« la Fermeté », « la Tempérance », « la
Générosité. » S'il est des cas où la forme
affirmative ne démontre pas d'un seul
coup d'œil le caractère absolu et non dis-
cutable de la loi morale, on est assuré
d'arriver à l'évidence en ayant recours à
la forme négative, en essayant d'universaliser le contraire, l'opposé de la loi morale. Par exemple étant donné cette loi, ce
principe : « Le respect de la vie humaine »,
« La personne humaine sacrée pour tous »,
si vous hésitez à reconnaître ce précepte
comme évident par lui-même, opposez-lui
le meurtre et dites moi ce que deviendrait
la vie humaine et l'ordre social avec la
généralisation du meurtre. Le meurtre
généralisé, c'est la suppression de l'espèce.
Le meurtre même légal ou considéré
comme tel par la foule, telle la prétendue
loi du talion, celle du lynche chez de prétendus civilisés, la peine de mort dans nos
pays dits chrétiens ne peut être accepté
au point de vue absolu et envisagé à la
lumière des principes éternels et celui

qui a dit (parlant à l'homme au fond de sa conscience) : « tu ne tueras pas », celui-là a formulé la plus haute loi morale qui soit : « Le respect de la vie de chacun et de tous », et cet ordre est donné aux Sociétés comme aux individus. On ne peut pas non plus généraliser « le Vol », « le Mensonge », père de tous les crimes, « l'Adultère », aucun de nos vices ne peut supporter l'universalisation, parce que tous sont condamnables, puisqu'ils aboutissent tous au néant de la vie et sont créateurs des plus grandes douleurs humaines, en même temps que destruction de l'ordre et de l'harmonie au sein de la vie. Généralisé le vol, à quoi aboutirait-il ? A un dépouillement général. Le Mensonge universalisé engendre toutes sortes de fléaux et détruit la grande confiance que nous devons avoir les uns dans les autres. L'Adultère est la destruction des liens conjugaux et la fin du mariage, c'est-à-dire : de la famille, en conséquence : ce qui est contradictoire à l'ordre même de la vie. Le Divorce ressemble à l'Adultère et ne peut être généralisé sans détruire les Sociétés humaines, puisqu'il détruit la famille. Toutes ces choses n'aboutissent qu'au néant, au contradictoire, au désordre et ne peuvent être élevées à la hauteur de lois absolues et de principes nécessaires. Le sage les supporte et travaille à les signaler comme de très grandes misères, des sortes de maladies atteignant l'individu et le corps social et préparant les plus tristes régressions. Mais le sage espère toujours dans le triomphe de la Vérité et ne cesse de préparer son règne définitif sur les âmes, et le prêtre, vraiment prêtre, imite le sage, mais où sont les prêtres vraiment prêtres, et que sont devenus les disciples de Jésus ?

XXI

Conclusions à la deuxième Initiation.

Notre deuxième initiation est achevée. Le disciple est préparé pour les deux autres initiations qui verront le jour quand Dieu le permettra. Nous croyons déjà avoir mis en pleine lumière les devoirs et les droits de chacun et montré du doigt le But de chaque destinée humaine. Ceux qui ne voudront pas aller à la Vérité pour la connaître, l'aimer et la servir n'ont plus d'excuses, car nous leur avons fourni le *moyen* de la chercher, de la trouver et de s'attacher à ses pas. Nous voulons faire davantage. Toute la loi morale et toute la loi sociale doit être résumée et maximée. Les livres religieux de tous les peuples résument et maximent ces lois, mais on ne les lit plus ou on les lit mal. Qui lit la Bible ou qui sait la lire ? Pas plus les protestants que les catholiques ni que les juifs. Qui lit l'Evangile, ce

magnifique résumé de la plus haute
morale, et cette histoire de la plus haute
des missions qui aient été entreprises pour
le salut des hommes et le Règne du Bien
(le Règne de Dieu)? Oui, qui lit l'Evangile? Qui lit aussi les grands maîtres de la
Philosophie? Quels sont les hommes qui
ornent leurs âmes pour la vie future et
les Renaissances prochaines ? Quels sont
ceux qui ont le souci de leur destinée et
de la destinée collective de leur humanité ? Où est l'Eglise universelle, sanctuaire où aiment à se rencontrer les âmes
d'élite pour s'y recueillir et se préparer
aux grands devoirs de la Vie et aux saintes
missions de l'homme? Je vois des haines,
je vois des sectes, je vois des divisions, je
vois des guerres nouvelles, je vois le
mal qui se prépare à faire de nouveaux
ravages, mais je ne vois pas ces temps de
Justice et de Vérité que les chrétiens
devaient réaliser et qui restent encore si
loin de nous. Ces temps viendront et ils
viennent déjà, mais ils viennent lentement,
et c'est pour eux qu'ont été maximées

dans la Profession de foi morale qu'on va lire, nos grandes affirmations, c'est-à-dire : les Vérités par lesquelles le monde des justes doit, dès maintenant, modeler sa vie, afin d'être à nouveau, comme il y a dix-neuf cents ans « le sel de la terre », et la semence des moissons futures. (1)

---

(1) La profession de foi morale qui constitue le XXIIe et dernier chapitre est entièrement l'œuvre du maître vénéré Ch. Fauvety. Nous engageons nos frères et sœurs de l'ordre des *Temps Meilleurs* à le faire apprendre par cœur à tous ceux qui suivent les réunions de nos Fraternités Gnostiques.

XXII

Profession de foi morale.

J'affirme le Droit ;

Je confesse le Devoir ;

Je veux la Justice et la Fraternité humaine ;

Je crois à la Solidarité universelle ;

J'aspire à la Perfection.

Droit. — Doué de conscience et de raison, par conséquent responsable de tes actes, tu as le droit et le devoir de te gouverner toi-même, dans toutes les sphères de ton activité. Maintiens ton droit, tant qu'il ne porte pas atteinte au droit d'autrui. — Respecte-toi, afin que les autres te respectent. — Cultive tes facultés, développe tes forces, soigne ta santé, évite toute souillure, apprends à défendre ton existence et à protéger ta liberté. — Aime la vie que tu as reçue, parce que, s'il ne dépend pas toujours de toi qu'elle soit heureuse, il dépend de toi qu'elle soit utile aux autres et bonne à ton amélioration. — Ne redoute pas la mort, qui n'est qu'un renouvellement des forces et une évolution nécessaire au progrès et à l'agrandissement des êtres.

Devoir. — N'oublie pas que méconnaître son devoir, c'est compromettre son droit, car le droit et le devoir sont corrélatifs et ne s'affirment pas l'un sans l'autre. — Sois soumis à la loi, source de l'égalité sociale, et repousse tout privilège, même quand tu dois en bénéficier. — Respecte les engagements ; cultive la vérité ; ne retiens jamais ce qui appartient à autrui. — Rends à tes parents tout ce que tu en as reçu ; honore-les par ta conduite de tous les jours, et que ton respect soit toujours à la hauteur de leur tendresse. — Transmets ton patrimoine à tes enfants, s'ils ne s'en sont pas montrés indignes, mais ne leur sacrifie jamais l'intérêt social. — Abstiens-toi de l'oisiveté comme d'un vol. — Si tu amasses des richesses, songe à ce qu'elles ont coûté, et, t'en regardant comme le simple dépositaire, fais qu'elles servent à féconder le travail, à soulager le malheur, à éteindre la misère.

JUSTICE. — Pratique la justice, non seulement en ne faisant jamais aux autres ce que tu ne voudrais pas qui te fût fait, mais en prenant l'initiative du bien, en luttant contre l'iniquité, partout où tu la rencontreras.— Ne condamne jamais sans recours et sans laisser une porte ouverte à la réparation, au repentir et à la réhabilitation. Le sentiment religieux est incompatible avec l'enfer éternel, et la conscience de l'humanité régénérée par l'amour du prochain, n'admet pas de peine sans rémission.

FRATERNITÉ HUMAINE. — Traite ton prochain comme toi-même. — Pardonne les injures et rends même le bien pour le mal, toutes les fois que le soin de ta dignité personnelle te le permettra. — Sers fidèlement ta patrie et sois toujours prêt à mourir pour elle ; mais ne la sépare jamais, dans ton cœur, de cette grande patrie qui a nom l'Humanité. — Ne t'éloigne pas volontaire-

ment de la société des hommes ; ne t'isole
point de tes frères, et ne les isole point les
uns des autres : il n'y a point de progrès
pour l'homme seul.—Souviens-toi que c'est
aux luttes soutenues, aux souffrances sup-
portées, à travers tant de siècles, par les
générations qui t'ont précédé, que tu dois
tous les biens dont tu jouis ; songe que
c'est en associant tes efforts à ceux de tes
contemporains, que tu prépareras un sort
meilleur à ceux qui viendront après toi.
— Crée-toi de bonne heure, par le mariage,
une sphère familiale d'où soient bannis
l'égoïsme qui est le plus grand de tous les
vices, l'envie, le jeu, la paresse, la débauche,
l'intempérance, la dissimulation et le mensonge. — Epoux, ne soyez pas seulement
unis par la chair, soyez-le aussi par l'esprit et le cœur, comme si vous étiez une
seule âme. Veillez à mériter toujours
l'estime l'un de l'autre, et n'ayez jamais à
rougir devant vos enfants.

Solidarité universelle. — Dans tes
efforts vers le mieux aspire à tout ce qui
est en haut et tends la main à tout ce qui

est en bas. — Sois doux et pitoyable envers les animaux, car ils sont sensibles comme toi. — Sois charitable et bienveillant pour toutes les souffrances. — Dans tes plaisirs, ne goûte que ceux qui ne font pleurer personne. — Aime la nature, respecte ses lois et ne lui commande qu'en lui obéissant. N'oublie jamais que, si la terre a été donnée aux hommes, c'est pour qu'ils y aient tous leur place au banquet de la vie et qu'y trouvant, grâce à l'instruction à laquelle tous ont également droit, et à l'aide du travail quotidien dont tous ont également le devoir, leur part de lumière et de liberté, ils y fassent régner l'ordre, la paix, l'équité, l'harmonie. C'est en réalisant ainsi le *règne de Dieu* sur notre domaine terrestre, que nous pourrons nous dire les collaborateurs de l'œuvre divine, et qu'il nous sera donné de nous élever progressivement vers l'Être parfait dont chacun de nous porte en soi l'inépuisale idéal.

Bénie soit l'humanité dans son passé, dans son présent, dans son avenir !

Béni soit tout ce qui vit au-dessus et au-dessous de nous, dans la perpétuelle communion des êtres !

Béni soit Dieu, Père céleste, Unité suprême, Loi vivante, Raison consciente de l'univers, Source de vie, de tout amour, de toute lumière et de toute perfection !

FIN DE LA DEUXIÈME INITIATION

15 Août 1908

TABLE

———

Première Initiation

LE CHEMIN

Deuxième Initiation

LA VÉRITÉ

À nos Sœurs et Frères,

Aucun des Livres que publie l'Œuvre des *Temps Meilleurs* n'est destiné au commerce ; ils n'enrichiraient personne ! Nous les donnons plus que nous les vendons. Mais nous ne pouvons être généreux qu'avec le concours de la bourse de nos sœurs et frères fortunés, qui n'ont jamais manqué de nous venir en aide dans la mesure de leurs forces et selon les impulsions de leur cœur. Notre Catéchisme est donc envoyé à tous les lecteurs de l'organe de l'Œuvre, sans indication de prix. Ceux qui pourront faire un don nous encourageront à publier d'autres volumes de Doctrine dont l'objet principal sera le renouvellement de la Vie religieuse dans chaque âme humaine et de maintenir dans le monde une grande consolation et une grande espérance. Ceux-là seuls qui ont souffert et ont été déçus comme nous nous comprendront, et ils nous comprendront aussi et nous aideront ceux qui cherchent la Vérité et s'agenouillent pour l'adorer, comme une Vierge bénie et pure, saintement aimée.

LIBRAIRIE LESSARD
15, Rue Rubens, NANTES

Ch. FAUVETY

L'Esprit pur..................... 2 50
> Le plus beau livre mystique publié en
> ce siècle. Livre de chevet et de consolaton.

P. VERDAD-LESSARD

Un nouveau Sacerdoce : Comment
il se forme, comment il faut l'organiser,
avec Dédicace au Pape Pie X........ 1 50
> Idées généreuses et prophétiques d'un
> philosophe, qu'il faut répandre au milieu
> du Clergé catholique.

**L'Esprit Consolateur ou la Lampe
du Sanctuaire.** Un vol. in-16, relié.. 3 »
> Publié pour consoler ceux ou celles qui
> n'ont point cessé d'espérer, et qui, blessés,
> opprimés, déçus, sont restés cependant
> affamés de Justice, de Liberté et d'Amour.

**Arguments contre la peine de
Mort**, br. in-16, 40 pages............ 0 75

P.-F. COURTÉPÉE

Unité de la Vie présente et future. 1 50
> Superbes envolées sur l'Immortalité.

Léon DENIS

Après la Mort.................... 2 50

L'Etre et sa destinée............. 2 50
> Excellents livres, écrits dans un style
> enchanteur, extrêmement vivant, et bien
> fait pour convaincre ceux qui doutent de
> leur immortalité.

Nantes. — Imp. F. Salières, rue Santeuil, 12.